Re verse

Innovation

Create Far from Home,
Win Everywhere

逆 向創新

奇異、寶僑、百事等大企業
親身演練的實務課
教你先一步看見未來的需求

by

Vijay Govindarajan
維傑‧高文達拉簡

Chris Trimble
克里斯‧特林柏

陳亮君／譯

REVERSE INNOVATION: Create Far from Home, Win Everywhere
by Vijay Govindarajan and Chris Trimble; Foreword by Indra K. Nooyi
Copyright © 2012 by by Vijay Govindarajan and Chris Trimble
Published by arrangement with Harvard Business Review Press through Bardon-Chinese Media Agency
Complex Chinese translation copyright © 2013 by Faces Publications, a division of Cité Publishing Ltd.
ALL RIGHTS RESERVED

企畫叢書 FP2254

逆向創新

奇異、寶僑、百事等大企業親身演練的實務課，
教你先一步看見未來的需求

Reverse Innovation: Create Far from Home, Win Everywhere

作　　　者　維傑·高文達拉簡（Vijay Govindarajan）、克里斯·特林柏（Chris Trimble）
譯　　　者　陳亮君
編 輯 總 監　劉麗真
主　　　編　陳逸瑛
編　　　輯　賴昱廷

發 　行 　人　涂玉雲
出　　　版　臉譜出版
　　　　　　城邦文化事業股份有限公司
　　　　　　台北市中山區民生東路二段141號5樓
　　　　　　電話：886-2-25007696　傳真：886-2-25001952
發　　　行　英屬蓋曼群島商家庭傳媒股份有限公司城邦分公司
　　　　　　台北市中山區民生東路二段141號11樓
　　　　　　客服服務專線：886-2-25007718；25007719
　　　　　　24小時傳真專線：886-2-25001990；25001991
　　　　　　服務時間：周一至周五上午09:30-12:00；下午13:30-17:00
　　　　　　畫撥帳號：19863813　戶名：書虫股份有限公司
　　　　　　讀者服務信箱：service@readingclub.com.tw
香港發行所　城邦（香港）出版集團有限公司
　　　　　　香港灣仔駱克道193號東超商業中心1樓
　　　　　　電話：852-25086231或25086217　傳真：852-25789337
　　　　　　E-mail：citehk@hknet.com
馬新發行所　城邦（馬新）出版集團【Cite (M) Sdn. Bhd. (458372U)】
　　　　　　11, Jalan 30D/146, Desa Tasik, Sungai Besi,
　　　　　　57000 Kuala Lumpur, Malaysia
　　　　　　電話：603-90563833　傳真：603-90562833
一 版 一 刷　2013年8月

城邦讀書花園
www.cite.com.tw

ISBN 978-986-235-273-1
版權所有·翻印必究（Printed in Taiwan）

售價：330元
（本書如有缺頁、破損、倒裝，請寄回更換）

推薦書評

來自已開發國家的跨國企業CEO

創新無國界。我們未來如何投資，本書具有關鍵的影響力。

——威廉‧格林（William D. Green），

埃森哲董事長

全球各地的社群現在緊密串連，創新可能來自任何角落，並影響
全世界。

——約翰‧錢伯斯（John T. Chambers），

思科董事長兼執行長

獨一無二的重要著作、擲地有聲的案例、詳細務實的步驟，以及
清晰明確的解說。

——奧馬‧伊什拉克（Omar Ishrak），

美敦力執行長

當世界經濟重心持續轉移，同時新興消費者不斷崛起，很明顯
地，過去成功的商業邏輯與經驗將無法成就明日的榮耀。

——阿賈伊‧班加（Ajay Banga），

萬事達總裁兼執行長

我希望早十年讀這本書。

——彼得‧佛拉納吉（Peter F. Volanakis），

康寧顯示科技前任首席營運官

這本書激發的真切曙光比什麼都還多，期盼所有市場都能推動逆向創新。

——克里斯多夫‧希曼（Christopher R. Hyman），

倫敦信佳集團執行長

《逆向創新》能讓成千上億人的生活得到改善。

——古魯拉吉‧戴施潘德（Gururaj Deshpande），

無花果網路公司共同創辦人

《逆向創新》簡潔地傳達了全球極速發展的地區所面臨的挑戰和機會。

——塞謬爾‧艾倫（Samuel R. Allen），

迪爾公司執行長

高文達拉簡與特林柏提供了下一階段的全球在地化運作架構。

——傑夫‧伊梅爾特（Jeffrey R. Immelt），奇異公司董事長兼執行長

本書作者挖掘出當今全球商業根本性的趨變。

——亞歷山大（珊迪）‧M（Alexander (Sandy) M.），

伊頓公司董事長兼執行長

兩位作者擁有敏銳的洞察力，提出強而有力的商業理由來支持逆向創新。

——詹姆士·奎格雷（James H. Quigley），

德勤有限公司前任執行長

跨國企業必須丟棄昔日的戰略。

——史蒂芬·帕柳喀（Steve Pagliuca），

貝恩資本總經理

本書提出的思維令人耳目一新，值得敬佩。

——道格·康納特（Douglas R. Conant），

金寶湯公司總裁兼執行長

新興經濟體是下個世紀的成長市場，也是創意發想的重要源頭。

——威廉·阿赫特麥耶（William F. Achtmeyer），

巴特農集團董事長兼執行合夥人

要在新興市場有所成長，作者提出的定見、組織和紀律，缺一不可。

——伊恩·庫克（Ian M. Cook），

高露潔棕欖董事長、總裁兼執行長

高文達拉簡與特林柏做到的遠遠超越書中所言——他們真正做到了逆向創新。

——彼得·達爾貝（Peter A. Darbee），

太平洋煤電公司前任執行長

在新興市場，只有穩健的漸進式成長是不夠的。

——湯瑪士·格羅索（Thomas H. Glocer），

湯森路透集團執行長

這是本必讀之書。

——拉賈·顧壘傑（Raj L. Gupta），

羅門哈斯退休董事長兼執行長

《逆向創新》是一部開啟新興市場成長潛能的攻略。

——威廉·強生（William Johnson），

亨氏食品公司總裁兼執行長

如果需求是創新之母，那麼開發中國家將會產生更多創新，來驗
證本書獨特的論點。

——維諾德·科拉斯（Vinod Khosla），

太陽公司共同創辦人

高文達拉簡與特林柏給企業明確的理由去『學習如何在不同軸線
上運作』，以掌握成長市場的商機。

——理查·克拉瑪（Richard J. Kramer），

固特異輪胎董事長、執行長兼總裁

對於企圖開啟新興市場的企業領導人而言，《逆向創新》就是教
戰手冊。

——羅伯特·麥克唐納（Robert A. McDonald），

寶潔董事長、總裁兼執行長

我始終認為，當我們的公司在新興市場裡謀求成長時，《逆向創新》所指出的方向會帶來較好的成果。

——唐諾・彼得森（Donald K. Peterson），

亞美亞公司前任執行長

作者清晰的理念讓跨國企業的領導人獲益良多。

——麥可・堤曼（Michael H. Thaman），

歐文斯科寧董事長兼執行長

灼灼高見即此書。

——麥可・特雷姆（Michael R. Traem），

里特諮詢公司執行長

《逆向創新》是絕妙的教戰手冊。

——布萊恩・高德（Brian Golder），

孩之寶總裁兼執行長

來自新興市場的CEO

無論是已開發或開發中國家的企業，都非讀不可。

——阿迪・戈德瑞（Adi Godrej），

印度戈德雷吉集團董事長

一張給全球企業、清晰串連的創新路緯圖。

——穆克什・安巴尼（Mukesh D. Ambani），

印度瑞來斯董事長兼總經理

《逆向創新》是新興跨國企業追求全球卓越的最佳指南針。

——弗雷德里克·科拉多（Frederico F. Curado），

巴西航空工業公司總裁兼執行長

活絡你在新興市場的成功策略，並施展於全世界，這是絕佳的對策！

——高博德（Piyush Gupta），

新加坡星展銀行執行總裁

我發現每則案例研究後的總結和提問尤其有用。

——維克拉姆·基洛斯卡（Vikram S. Kirloskar），

印度基洛斯卡公司副董事長

書中精采的案例研究強調的都是同一件事——創新起源於永不滿足。

——卡瑞恩（TK Kurien），

印度威普羅執行長

本書描述一個已經成熟的想法，是一份高度可行的企業成長指南。

——安南德·馬辛德拉（Anand G. Mahindra），

印度馬辛德拉總經理

此書是全世界企業領袖必備的實務指南。

——墨希（N.R. Narayana Murthy），

印度印孚瑟斯董事長

相當值得一讀。

——中國海爾集團執行長張瑞敏

本書解釋創新如何在開發中國家日漸茁壯，並回過頭去影響發達國家。

——洛坦·塔塔（Ratan N. Tata），

印度塔塔集團董事長

來自學術思想權威

水無法逆向而流，但創新卻辦得到！本書既是策略集，也是警世錄。

——羅傑·馬丁（Roger L. Martin），

多倫多大學羅特曼管理學院院長

一個關於創新的嶄新觀點。

——華倫·班尼斯（Warren G. Bennis），

南加州大學傑出教授

在快速變遷的時代中，本書是企業維持競爭力的及時雨。

——傑夫瑞·菲佛（Jeffrey Pfeffer）、迪·湯瑪士（Thomas D. Dee II），

史丹福大學商業所組織行為學教授

兩位作者提出截然不同的創新形式，以及令人讚嘆的解釋。

——麥可·杜希曼（Michael L. Tushman）、保羅·勞倫斯（Paul R.

Lawrence），哈佛商學院企管系教授

嘆為觀止的新範疇。

——蘿拉·泰森（Laura D. Tyson），

柯林頓總統時期經濟顧問委員會主席

目 次

第二部 逆向創新進行式

前言

　　幾年前，大型的跨國企業仍然從本國市場牟取大部分的獲利和成長，即便向外探詢，也只限於同樣發達的國家。現在感覺起來，彷彿已經是上個世紀的事了。

　　然而，世界從不停止改變。本國市場已然成熟，也已經飽和。如今，大部分的國家將潛力無窮的購買力轉移到了亞洲、南亞、東歐、非洲和拉丁美洲等新興市場。跨國企業已經明白，在新興經濟體中站穩腳步才是明智之舉。因為這裡的豐富商機正有待開發。

　　逆向創新——這本重要書籍的主旨——這個既強大又新穎的方法不但是明智的選擇，也絕對是掌握新興市場商機的關鍵。

　　在本書的第十一章會提到，百事可樂利用逆向創新，已經從我們所投資的點心事業中開始獲利了。在這之前，就如同其他的跨國企業，我們用傳統的方法來拓展海外市場——也就是出口！當時，我們在美洲生產商品，然後銷售到全世界，偶爾因應當地市場的需求，在口味和包裝上做些小幅度的修改，但我們的商品仍以全球通用為主。

　　然而，如今我們已從以下的三個新觀點當中大獲其益。第一，我們學會了欣賞並尊重不同國家的差異；第二，我們體認到不同的市場需要發展各自不同的文化、價值觀以及品味，而這些

差異都反映在他們購買的商品上；第三，我們明白即便人各有所好，但仍然存在著相同的渴望。在我們所觸及的市場裡，大家似乎都需求成分天然、健康的產品，並且希望產品的製造過程符合環境永續性。對我們而言，那意謂著產品必須使顧客感到「有趣」而且「有益」。

　　如果你深入思考這三個觀點，你會發現它們正是逆向創新的核心價值，結合了全球的遠景與任務，以及在地的需求與喜好。由於跨國企業擁有豐厚的資源、廣泛的觸角，以及國際化的多元專長，十分適合駕馭逆向創新這輛既全球又在地的多頭馬車，這不啻為一則好消息。然而壞消息則是事情總知易行難。兩位作者——維傑‧高文達拉簡（Vijay Govindarajan）與克里斯‧特林柏（Chris Trimble），提出豐富的實務案例，與理論互為參照，是本書最大的價值所在。作者透過全書八個章節的案例研究告訴我們，任何企業在轉變的過程中，都會經歷挫折或者偶爾的失策，然而這些也都是非常重要的經驗。

　　對我而言，本書的關鍵見解在於作者所謂的主導邏輯（dominant logic），它來自成功企業的過去經驗，存在於任何跨國企業高階管理者身上，足以左右企業的存亡。逆向創新之所以充滿挑戰，正因它要求你將過去經驗所形塑的強大邏輯棄置一旁。否則，一旦讓邏輯開始運作，它將阻礙你的學習之路。

　　北京、孟買、奈洛比或墨西哥城的消費者到底對什麼有興趣，美國的創新研究中心學者很難理解這件事。你必須真正捲起袖子親身訪查，聆聽消費者心聲，了解當地的競爭者，並培力你的在地團隊，讓他們有所發揮。沒有一個人是永無過失的天才。在任何事關重大的當口，人人都會犯錯。我們必須接受犯錯無可避免，並且預先準備接受錯誤所帶來的後果。很令人欣慰的是，

這本書的作者讓讀者站在百事可樂和其他巨人的肩膀上往前看，
我們學習逆向創新苦樂交織的過程，將多少幫助你們避免犯錯。

——英德拉‧努伊（Indra K. Nooyi），百事可樂董事長兼執行長

序

————————●————————

機緣巧合成此書

我很想說這本書是精心操持的數十年計畫結晶，然而這本書得以成形，事實上是因為三個偶發事件的機緣巧合。

巧合一：一本啟蒙之書

七〇年代我在印度獲得的特許會計學位課程，教材充滿數字和抽象概念，十分枯燥，因此當時我讀了許多課外的非指定參考書目，其中包括哈佛商學院羅伯特‧安東尼教授的著作。這位傳奇人物的書裡提到一個與我領域非常相關的觀點，他斷言，會計並非如我至今所想，它不是一門技術性的科目，而是一股可以對人類行為產生正面影響的力量。

這與我過去所學實在差太多了，像安東尼教授這類的學者對於會計的理解竟如此有趣又令人驚艷，頓時會計變得栩栩如生、充滿新意。我想要與他們為伍，因此決定去讀哈佛商學院。

在哈佛，我看到會計是一項執行策略的利器，數字、動機和企業執行力之間互為關聯。而會計則是優異執行力的關鍵。

偶然閱讀到安東尼教授著作的這份巧合，讓我在往後的日子

裡漸漸地將研究重心從「枯燥」的會計系統，轉移到所有對企業
發生行為影響力的運作體系上。於是，我成為了一名研究人員、
教師，同時也是策略執行領域的顧問。

巧合二：一位真正的夥伴

　　本書的共同作者是克里斯‧特林柏，我跟他的認識要從十年
前說起。我自一九八五年起便任教於達特茅斯大學塔克商學院，
後來商學院收到一筆鉅款資助而成立全球化策略與創新研究中
心，正好需要一名研究夥伴。當時，以頂尖成績拿到MBA學位
的克里斯是名顧問，有意在學術界另謀新職，於是他答應成為我
的夥伴，共同研究創新在成熟企業裡所面臨的挑戰。

　　我們都沒有料想到，工作進展一轉眼已過了十多年，不僅成
果豐碩，過程也十分愉快。我們在《哈佛商業評論》發表過許多
研究報告，其中一篇文章〈終止創新戰爭〉更獲得麥肯錫獎的肯
定，除此之外，還出版了兩本有關創新的書──《創新戰略者的
十大法則》（*Ten Rules for Strategic Innovators*）以及《創新的另
一面》（*The Other Side of Innovation*）。這兩本書為今天這本著作
奠定了重要的基礎。

　　我非常感激能夠和克里斯這樣的夥伴相識，並且相互激勵。
他對此書的貢獻非常深遠，他不僅發展理論、有效串連書裡的重
點概念，也從創新執行的專業角度出發，書寫了許多鏗鏘有力的
篇幅，甚至進而創造了一個新的詞彙──「逆向創新」。一言以
蔽之，克里斯不僅是我的好友，更是我真正的夥伴。

巧合三：一項冒險的任務

感謝上天的美意安排，曾經有兩年的時間，我在奇異公司（General Electric，編按：亦譯為通用公司）擔任首位業界專業常駐教授兼首席創新顧問。故事可以追溯回我與兩位關鍵人物的談話，效應持續醞釀數年，帶來的改變契機也十分驚人。

二〇〇一年，在我完成一場演講之後，由於離我返程的航班時間還有段空檔，因此我留下來聽下一場講者蘇珊·彼得斯（Susan Peters）的演講。當時她是奇異公司的首席學習官，在她的演講裡，她介紹了奇異公司發展領導力的方法，當中的思考過程讓我十分著迷。演講結束後，我上前向蘇珊自我介紹。她問起我的職業，我介紹了我在塔克商學院關於創新與執行的工作。

幾年過去，奇異的首席執行長傑夫·伊梅爾特（Jeffrey Immelt）來塔克商學院演講。我藉此機會請求與他單獨會面半小時，和他談論了創新和效率同時並進會遭遇的挑戰，並分享我的研究想法。在那之後約莫一年，《創新戰略者的十大法則》一書出版，我寄了一本給伊梅爾特，之後他回了我一封手寫的信。

二〇〇七年，伊梅爾特與蘇珊商議，想要聘請一位學者為奇異公司提供在創新上的建言。蘇珊草擬的幾位候選人名單當中包括我的名字，並且他們兩個都在上頭打了勾。

奇異公司是逆向創新的實驗室

於是，二〇〇八年起，我在奇異公司展開了為期兩年的冒險實驗。伊梅爾特向我諮詢醫療以及能源這兩個事業群，因為當時奇異公司正在印度和中國的新興市場謀求更高的競爭力。伊梅爾

特清楚地看見，組織要有未來，關鍵之一端賴在開發中國家的表現。關鍵之二，更精準地說，就是逆向創新的能力——意即專門為新興市場而實行的創新。伊梅爾特說，「奇異想要贏得美國市場，必須先在印度與中國取得勝利。」

我從調查中發現，開發中國家的醫療與能源市場機會大，但限制也多，因為基礎建設都很匱乏，無法滿足日漸增長的需求。

舉例而言，印度的醫院病床面臨急迫的短缺，碰巧中產階級快速增加且益發富有，罹患糖尿病和肥胖等文明病的比例愈來愈高。同時，內科醫生以及其他醫療照護專業人員也都不足。印度甚至有一群廣大的偏鄉人口無法獲得政府足夠的基本照護，也無法在疾病初期還容易治療的階段就用儀器檢查發現，這類資源在偏鄉少得可憐，甚至幾乎完全沒有。另外，印度的供電系統不是不穩定，就是還沒開發，導致地方性的小診所無法使用傳統超音波、或一般的心電圖儀器。更進一步來說，對於經濟明顯弱勢的國家，現有的這些高性能儀器要價實在過於昂貴。

這些阻礙不免令人氣餒。然而，在當時，奇異採取的仍是傳統策略：將全球商品小幅修改後再銷售到印度、中國與其它開發中國家，藉此擴大市場占有率。奇異急需新鮮的創意——專為當地條件設計製造的突破性創新產品。我預見，接下來二十年裡，醫療與能源這兩個領域的商機超過一兆美元以上，奇異若真的想要敲開這兆元商機的大門，它需要的策略絕非「占有市場」，而是「開發市場」。

我在奇異的寶貴時間都用來協助建立逆向創新的執行概念、方法以及需求。奧馬・伊什拉克（Omar Ishrak）當時主導奇異的超音波事業，我當時參與了他帶領的一項計畫，要製造出低價的可攜式超音波儀器，並在中國販售。這項計畫最後獲得了非常

精采的結果，也成為所有事業群贏得新興市場的典範。二〇〇九年十月，我、伊梅爾特和克里斯共同撰寫〈奇異如何顛覆自己〉一文，記述伊什拉克的超音波儀器開發計畫，並刊登於《哈佛商業評論》。

我十分幸運能夠第一線見證這個美國跨國企業領頭羊，在逆向創新的學習曲線上攀升的經過，這是一段充實的學習體驗，奇異不僅惠我良多，更給予這本著作重大的啟發。

本書同時涵蓋其他企業的案例。特別是本書第二部分的第五到十二章，鉅細靡遺地描述了不少逆向創新的精采試驗。另外我們也非常感謝其他七個組織，它們都曾經大方真誠地與我們分享自己的經驗。

我們將逆向創新視為冒現的研究領域，是下一步營運法而非最佳營運法，且仍有許多面向有待學習。許多對新興市場有效或無效的創新案例，都在書中提及。我們希望書中所集結的概念與例證能引領你啟動屬於你自己的逆向創新。那麼或許有一天你也會認為，與這本書的相遇是你事業生涯裡一個重要的機緣巧合。

兩則特別感謝

前一本書的致謝名單非常長，這本書也不例外，因為對此書有所貢獻的人實在不少。不過我要特別向兩位至今對此書貢獻最大的人士，致上由衷謝忱。

第一位要特別感謝的是盧‧麥克雷利（Lew McCreary）。盧是《哈佛商業評論》的作家與編輯，在報界服務多年，功績卓越，能夠有他加入這本書的工作團隊，實在很幸運。盧對本書的貢獻十分廣泛深遠，幾乎所有訪談他都參與，並從商業寫作的角

度提出洞見，更起草多數章節。盧熟稔於寫作，文章富含魅力、風格、機智、活力和原創性，我們的程度遠不能及。第二位要特別感謝的是共同作者克里斯，從二○○○年以來，他一直是我密切的合作夥伴。鼓吹企業進行非連續性變革（discontinuous changes）的，通常是我；而讓我的職涯產生非連續性變革的，則是克里斯。這本書則是我和克里斯合作的一個高峰作品，如今他已在達特茅斯大學展開新工作。因為有克里斯，我才能成為一個更好的教授——以及更好的人。

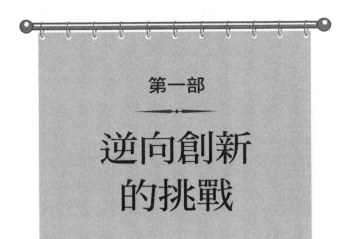

第一部

逆向創新
的挑戰

第一章

未來需在離家千里之外尋求

跨國企業開啟全世界的契機，
不在於靠單純的出口來滿足新興市場的需求，
而是透過創新。

運動飲料品牌開特力（GATORADE）好比棒球和蘋果派，是美國的同義詞。

要追溯開特力的根源，得從一九六〇年代佛州大學的美式足球隊談起，佛州的炎熱、潮溼與艷陽灼燒著這支「開特隊」，球員們光靠喝水解渴太慢，訓練人員不得不尋求更有效的方式，替乾渴的球員們更快速地補充水分。他們在學校的實驗室裡做研究，混合水、葡萄糖、鈉、鉀與香料，調成好喝的飲料，同時又能迅速補充球員因賣力揮灑汗水而流失的電解質與碳水化合物。

開特力在正式成為品牌之前，已經有喬治亞特克隊（Georgia Tech）替它做了行銷。一九六七年的橙盃（Orange Dowl）比賽中，他們輸給佛州隊，當教練被問起為何輸球時，他嘆道：「因為沒喝開特力。」

視開特力為美國形象的代表是再適切不過了，在它了不起的

發跡故事背後藏著為人忽略的關鍵，其與佛州甘那斯維城遙遙連結，那才正是饒富旨趣的所在。

早在一九六○年代，孟加拉曾經爆發一場空前嚴重的霍亂，同時還肆虐於南亞其他地區。霍亂病人死裡逃生的關鍵很簡單：避免脫水。

百事可樂（在二○○一年買下了開特力）的首席科學官康恩說，當時到孟加拉等地治療霍亂的西方醫生們很驚訝地發現一種當地沿用幾世紀之久的偏方，能治療霍亂引起的嚴重腹瀉，成分包含了椰子水、胡蘿蔔汁、洗米水、角豆粉和乾燥的香蕉，在當時，西方醫學認為若吃下碳水化合物，會導致病情更加惡化，因為霍亂的病菌會在胃裡繁殖。「但是這個阿育吠陀的藥方沿用了幾千年」，康恩說道，「用鹽調合糖和碳水化合物能加快吸收，讓病人更迅速地補充水份。」當時，一個佛州大學的醫生正巧在研究如何滿足迅速補充水分的需求，他從英國醫學期刊 Lancet 上閱讀到這副藥方的成效，認為既然這個配方對霍亂病人有療效，那麼對健康的球員肯定也有幫助。[1]

開特力的故事是時代的特例，它的創新模式與主流背道而馳。一般我們談到創新，總認為是富裕國家發起的，其後才再順流而下至開發中國家。開特力即是一個反例，它逆行於時代的潮流，因此稱為逆向創新。道理很簡單，開發中國家做領頭羊的逆向創新，通常都逆行上游，同時出人意表地拋開既有的遊戲規則。

逆向創新在歷史上並不多見，大多數創新的發生都是由上至下，逆著來的很少，其原因可想而知，因為只有富裕的顧客負擔得起——也實際需要——最新穎、最頂級的事物。有需求，科技才會進步。等到時機成熟，進步的果實才會遍布全世界。數算一

下便知，美國和德國獲得的科學和科技諾貝爾獎已經有三百多座，而反觀印度和中國雖然人口總數是美國和德國的六倍之多，得到的獎項卻不超過十座。由此，人們——特別是西方人——心中對於未來發明的期望，多寄託於矽谷、休士頓或慕尼黑。總之不會是孟加拉。

所以，人們很順理成章地認定開發中國家的腳步遲緩，在經濟和科技上追隨富國的速度之慢有如演化，甚或它們根本不需要自己創新，想要任何東西，一旦口袋許可，從富國進口過來便得了。

在這種認定之下，跨國公司「全球在地化」策略的出現就顯得十分容易理解。全球在地化假設創新先於銷售，原本為了因應富裕國家的需求而創發的產品，只要稍經改造，便往新興市場銷售，儘管改造後的產品多半是毫無特色的低階品。

然而，這種策略卻會引發誤導，因為兩種顧客的需求大不相同，一個產品在富裕國家能夠賣得好，不一定代表也能在新興市場上獲得認同。於此同時，逆向創新很迅速的累積能量——並且繼續的擴增。

表面上，逆向創新似乎無法用直觀去理解，因為畢竟我們比較能夠想像窮人渴望富人的產品，但是為什麼富人會想要窮人的產品呢？那是因為窮人的產品在某種情況下能夠提供的，是富人意想不到、甚至長期忽略的新穎價值。以下兩個現代的例子可以佐證。當年倉儲式商店巨霸沃爾瑪進軍中南美洲，他們發現必須要改變既定的零售模式，純粹移植根本行不通。說得更精準一點，既有的大型零售規模必須徹底縮小。於是他們在墨西哥、巴西和阿根廷等地，建立另一種版本的沃爾瑪，普遍地開設了更加「舒適」的零售商場。

　　這些地方的購物者通常手頭有限，沒辦法一次買很多然後囤積在家裡。而且，消費者通常是騎單車、搭公車，甚至走路來採買，交通方式也限制了他們能夠採買的量，因此小型的商店在這裡很興盛。而小型的沃爾瑪剛好能切合這種在地需求。

　　二〇一一年，他們把「小沃爾瑪」的概念搬回美國，這創舉在早幾年還令人難以想像。這麼做一方面是因為當時大型的沃爾瑪早已滲透全美，人們厭倦了既有的採買方式。另一方面，人口密集的都會區寸土寸金，與其開一兩家動不動就占地一整個街區的大型商店，相較之下，四處林立的小型商店還比較容易生存，獲利也更好些。而在郊區，人口則是稀疏到不足以支撐一間大型商店，因此小店邏輯在郊區同樣也很管用。沃爾瑪即便到處開設小型店鋪，仍保有競爭優勢，因為它的採購量與供應鍊依然龐大，可維持競爭實力強大不墜。似乎一眨眼，在美國，紐約人便能夠在小如鄉村酒吧的沃爾瑪購物，買到啟發自印度的開特力飲料。

　　接著，想想美國在醫療保健方面所付出的努力。改革者若能從印度NH醫院（Narayana Hrudayalaya）尋求啟發，便能看到更有效運用成本、更容易取得醫療資源的可能性。在美國執行一個心臟手術的費用高達兩萬美元，NH醫院把這費用降到只需兩千美元，印度的醫療體系因而改變。NH醫院要價如此極致的低廉之外，他們的手術平均淨利甚至還能夠略高於美國。而且，手術品質還是世界級的。NH醫院的繞道手術在三十天內的死亡率只有1.4%，比美國平均的1.9%還要低。能夠以如此低價進行手術，低勞動成本是其中一部分的原因，但並非全部。真正的關鍵是因為他們在程序上進行了創新。他們大膽實行了許多從福特T型車時代以來就已經存在的生產製程概念，這些淺顯易懂的概念

包括：標準化、勞動分工、規模經濟，以及配裝生產線。

　　NH醫院藉此將手上的資源運用得更完整，每個流程都大刀闊斧地節省成本。舉例而言，他們昂貴的醫療設備從全球知名的跨國公司買來，被使用的時間比美國多上五倍。而且，他們外科醫生執行的手術程序也多出兩到三倍；同時也由於病人的數量夠多，一個醫生甚至可以只進行某一種特定的心臟手術，這不僅加快醫生的學習速度，讓技術更精湛，醫療品質亦能更上一層樓，好處甚是不少。這些作法背後的邏輯看似簡單，卻與富裕國家的醫療體系背道而馳。西方醫療體系認為每一個病人都有其獨特性，醫生總是致力於最具挑戰性的病症，企圖突破醫療科學與科技的極限，成本對他們而言從來不是最重要的，而是最後才去考慮。然而這個昂貴的想法卻值得商榷。印度的創新醫療模式告訴我們，很多時候其實可以有不同的作法。而事實上，NH醫院也把它的商業化模式帶進了富裕世界，他們在開曼群島（距離邁阿密一小時航程之遠）建立了一個大型醫院，可容兩千個病床，收留無保險給付的美國人，而費用只需半價。2

　　除了上述的兩個例子，本書將介紹更多。歐巴馬總統在他二〇一一年一月的國情咨文裡提到，美國必須「在創新、教育和建設方面超越其他國家」。創新者如果想實現如此了不起的野心，絕不能只專注於美國自己的問題。全球創新的動向正在改變。

　　未來需在離家千里之外尋求，這是個全新的事實。如果富裕國家和成熟的跨國企業想要繼續生存，下一代的創新者和領導者必須像關注自家門前雪一樣，對於開發中國家的瓦上霜，投注相等程度的好奇心。你可能是一位高階經理人、金融家、策略家、科學家、工程師、國家政策的制訂者，甚或只是個還在摸索職涯方向的學生，無論你是哪種人，都必須了解逆向創新這個現象。

了解它的國家或企業將能重新分配到權力和財富——而無知的
人，則可能連既有的都失去。

　　可想而知，逆向創新能夠使窮國加速成長，教富國更快衰
敗。[3]其中暗藏不少危機，然而事情將如何走向亦非命定。書中
提到，無論是任何國家的誰，都可以追求逆向創新，機會對全世
界開放。但若是忽視逆向創新，要付出的代價可比錯失一次海外
投資的機會還要來得嚴重，特別是對當今世界級的跨國企業影響
尤甚。現在以開發中國家為總部的跨國企業，是崛起的世代，逆
向創新替這些新興巨擘開路，使得成熟的本地市場遭受打擊，甚
至造成更嚴重的傷害。舉凡印度的塔塔集團（Tata）、Mahindra、
Reliance、中國的聯想（Lenovo）與海爾（Haier），如今它們都
因逆向創新而欣欣向榮。（詳見〈異種入侵：深入美國核心的印
度馬辛德拉集團〉一節）

　　奇異公司的CEO伊梅爾特是這麼說的：「如果我們無法在低
收入國家展開創新，並沿用到全球，那麼就會被邁瑞（Mindray）、
蘇司蘭（Suzlon）和金風（Goldwind）這些新競爭者捷足先登。
這是非常有可能的。奇異公司可敬的前輩級競爭對手如西門子、
飛利浦和勞斯萊斯等，我們始終知道如何和他們相互匹敵，他們
不至於摧毀我們，然而，開發中國家的新興巨擘卻非常有可能做
得到。」[4]

　　逆向創新並非可有可無的選項，它是生存必備的氧氣。

何以要在新興市場從零開始創新

　　跨國企業的領導者都十分明瞭，發展中的經濟體規模龐大，
且成長的速度驚人。以下就讓數字來說話。

　　國際貨幣基金組織（IMF）依據各種經濟度量標準替各國定期做排名。[5]例如以人口做排名，中國是世界第一，印度居次。高達58億的人口居住在低收入國家，占了世界總人口的85%。[6]中國的國內生產總值（GDP）為世界第二，印度第四，而所有低收入國家的GDP相加起來約達35兆美元，占全世界GDP的一半。[7]更進一步而言，中國和印度GDP的預估成長率至少比富國高兩倍。而事實上，這幾年下來，窮國的成長腳步已經比富國還快，二〇〇八年金融海嘯引發的大蕭條益發拉開這速度的落差，再者，二〇一一年美國與歐債危機所帶來的不確定感，更讓情形火上加油。看來接下來的幾十年內，至少三分之二的世界GDP成長將由低收入國家包辦。

　　想在新興市場取得勝利，出身富裕國家的企業反而不容易把握到其中的絕佳機會，要知道單靠擴張市場版圖是遠遠不夠的，濃厚的好奇心必須先於一切，去探問究竟開發中國家與自己國家之間，兩者的需求到底有什麼不同。

　　為了一探它們深層的差異，我們再用一個簡單的基本統計數字來說明人均國民所得（GDP per capita），它代表的是國內每個國民平均的年度收入，與人口數量或GDP並沒有太大的關聯。在人口超過一千萬的國家裡，美國的人均國民所得排名第一，在全世界的排名一樣名列前茅，居於第六（前五名是一些極富裕的小國）。然而，中國和印度排名第幾呢？往下找……再往下一點……再往下……找到了！中國在二〇一〇年IMF的排名第94（介於波士尼亞和赫塞哥維那以及薩爾瓦多之間），印度排名第128（介於佛得角群島和越南之間）。

　　事情很簡單。開發中國家與富裕國家之間的差異，可謂是白晝與黑夜的區別。富國的情境，是人少但各自能負擔高單價的商

品;而在開發中國家,則是人很多但每個人的消費能力都不高。這兩種模式的消費,總額都非常龐大。巨型市場如中國和印度,是來自於微型消費者。一個截然不同的商業挑戰已昭然若揭。一個花得起十塊錢的人,和十個分別都只能花一塊錢的人,所需求與渴望的事物是完全不同的。也就是說,如果你期待低收入國家接受來自富國的產品和服務,是何等緣木求魚之事。想在經濟快速成長的熱區——低收入國家——做更多生意,除了提升業績、開拓通路和促進產能之外,還需要創新——逆向創新。

本書目地

此書的訴求為發達國家的跨國企業領導人,著重討論他們需要採取哪些行動以保持競爭力,並建構未來版圖。同時書裡也提到成熟的跨國企業為了成功占領開發中國家市場會遇到的挑戰,同時迅速崛起的新興巨擘領導人也將藉由閱讀此書,更準確的知己知彼,並將此書概念導入逆向創新的策略,成為擴張全球版圖的一項利器。

本書有兩個目的:首先,幫助你掌握逆向創新的理論和前提,以及透過應用創新能夠獲得的顯著策略價值;再者,提供高度可行性的指南,使你成功推展逆向創新。透過這本書,你可以同時學習到以上兩點,用於制訂策略並付諸執行。你將學習如何把握對的機會、如何組織並支援在地團隊,即便在內外憂患的侷促處境中仍能挖掘創意的靈感,也避免潛在的陷阱。

在本章的概略介紹後,我們將在第一章點出三個逆向創新的層次——策略層次、組織層次,以及計畫層次。在第二章裡,我們會探討策略層次,並提到現有的全球策略必須重新構思,以便

替逆向創新披荊斬棘。另外，構思策略前必須深刻認識新興市場和發達國家的需求差異，同時對於新興市場創新的逆向動能亦須有所了解。

　　第三章會介紹重塑全球組織的方法，包括如何將人才、權力和資源挪動到新興市場，以別出心裁的績效制度打造功績斐然的部門，並將逆向創新的信念滲透到組織裡。最後，第四章會說明具體的執行方式。

　　你需要做的，就是去評估需求、設計解決方案，並建立一套讓團隊能夠永續經營的法則，同時，也要確保你的團隊能夠源源不絕地獲取全球的資源。此外，團隊的市場探索活動和實驗也必須加以掌控。以上我們提出的建言都彙整於第四章之後的「逆向創新戰術指南」。

　　本書的第二部分包含了第五到第十二章，其中共有八個深度研究案例，藉此將逆向創新的戰術完整展示。所有的案例故事都來自關鍵人物的訪談，同時，他們團隊和領導階層面臨的諸多挑戰與挫折，亦包含其中。

　　挫折在所難免，你所面對的地理背景與文化脈絡很可能需要經歷諸多調適，才能順利接受逆向創新，有時候甚至你得不按牌理出牌。不過，這些案例都顯示，你仍可以一面兼顧組織紀律和策略彈性，一面追求成功的逆向創新。

　　在本書的總結章裡，我們扼要地鼓勵讀者付諸行動。另外還有兩則附錄，一則是技術性的工具，讓你應用在和自己國家的市場對話。第二則和學術界較有關聯，說明此書是奠基於過去的研究成果，並建議未來新的關鍵研究方向。

異種入侵：深入美國核心的印度馬辛德拉集團

　　一九九四年，印度馬辛德拉集團（Mahindra & Mahindra, M&M）登陸美國市場，當時它在祖國印度已然威震八方。馬辛德拉集團起源於一九四五年，原本從事煉鋼業，約二十年後進入農業市場，與國際收割公司（International Harvester）用馬辛德拉集團的名義合作生產35匹馬力的強大曳引機，並在印度受到廣大歡迎。這款曳引機不僅價格實惠，而且省油，這兩項優點讓勤儉持家的印度農夫們愛不釋手，另外，這款尺寸迷你的機器在印度小面積的田地裡耕作起來再適合不過。

　　這幾年下來，馬辛德拉集團持續不斷地創新，使產品更臻進化，品牌逐漸鞏固，並廣受尊崇。它的曳引機成了歷久不衰的長青商品，全印度廣大的農耕地區都有它的蹤跡。時至九〇年代中期，馬辛德拉成為了印度的主要曳引機製造商之一——而面對美國廣大市場的召喚，它也蓄勢待發。

　　當美國馬辛德拉（MUSA）建立之時，獨霸市場的是迪爾公司（Deere & Company）。迪爾生產大型的工業規格農用機具，馬力達600匹之強，擁有很高的市占率。馬辛德拉並不打算正面迎擊迪爾，而是將目標放在小型農業，因為這個利基市場還有成長空間，馬辛德拉可以發揮自己最大的優勢。

　　馬辛德拉發現它的小型紅色曳引機很適合業餘農夫、庭園設計和建築業者。這機器不但耐操、可靠度高，且價格也已調降至市場願意接受的範圍。為了因應美國市場，馬辛德拉還修改了一些設計，例如加大座椅與踏板尺寸，好讓美國人的魁梧體型能夠用得舒適——由此可見，馬辛德拉已全然準備好，蓄勢待發。

　　然而，當時馬辛德拉的總部遠在天邊，名號也尚未為人知曉。一些聽過這個品牌的美國人對它有「紅色」、「異國」、「廉價品」這類的聯想。就連美國的同業競爭者，例如迪爾，也對這個新面孔感到十分陌生。迪爾更在意與自己相同的美國本地競爭者，例如凱斯（Case）或新荷蘭（New Holland）等，反而不甚留心馬辛德拉，因此，美國馬辛德拉得以閃過競爭者的虎視眈眈，並決心藉由客製化服務來贏得勝利。

　　美國馬辛德拉的策略是和小型經銷商建立密切的關係，尤其著重那些家族企業。它即時供貨，接單後24到48小時內送達顧客手中，免除經銷商過度囤貨的壓力，也讓資金運用也更靈活，這樣一來，經銷商能夠贏得顧客的信任，相形之下也等於給了馬辛德拉最大的回報。

　　此外，美國馬辛德拉也和客戶建立密切的關係。馬辛德拉約莫百分之十到十五的客人曾接過總裁的電話，詢問他們對於產品和購物過程是否感到滿意。針對被漠視的客群，例如女性業餘農夫等，公司還特別提供園藝獎金以茲鼓勵。

　　這些策略很高明，也帶來十分亮眼的回饋。自一九九九到二○○六年間，平均每年的業績成長達到百分之四十。對此，迪爾的農業部門總裁大衛艾沃特（David C. Everitt）下了註解，認為馬辛德拉的全球單位銷售量總有一天將超越迪爾。[8]

　　為了反擊，迪爾提出了現金獎勵，試圖拉攏馬辛德拉的客人，但這對策似乎轉眼間就不了了之，反倒無心插柳的替馬辛德拉做了品牌宣傳，——「我們根本沒有付廣告費」，馬辛德拉二○○五到二○一○年的農業機具事業群執行長查德哈瑞（Anjou Choudhari）如是說。——不僅如此，馬辛德拉還回敬迪爾以一則媒體廣告，標題是這麼寫的：「迪爾吾親，我移情別戀了。」

　　正當馬辛德拉在美國屢獲佳績之際，迪爾也正在印度掙扎以求立錐之地；不同於馬辛德拉在產品和商業模式上的創新，迪爾卻只想試圖說動印度農夫使用與美國同樣的機器，以移植母國的成功經驗。最後迪爾嘗到了失敗，也被迫重整既有的思維和產品（見第八章）。

　　「我們將迪爾吾親從睡夢中喚醒了，」查德哈瑞說，「一旦迪爾開始瞄準印度市場，為印度量身設計低馬力曳引機，那麼它將成為我們全球性的威脅。」[9]

　　查德哈瑞說這句話的同時，馬辛德拉的單位銷售量已經傲視全球，是世界第一的曳引機製造龍頭。

第二章

逆向創新的五個途徑

要擬定策略，必須先了解逆向創新最常見的五個途徑。

我們曾在第一章提及印度和中國等國的龐大市場是由微型消費組成。一個人有十塊錢，和十個人各只有一塊錢，兩者的需求與渴望實在大相逕庭。一開始有這番理解甚好，但接下來，必須對富國與窮國的需求差異有更深刻的體悟，才能真正受益於逆向創新。

同時還要避免先入為主的預設，切莫以為經濟成長一定得依循某種模式。只消拿印度的經濟進展和美國早年的經濟崛起兩相比較一下，便能察覺這些思想陷阱。

二〇一〇年美國的每年人均收入大約為四萬七千元美金，而印度則約為三千元美金。即便人們樂觀地相信印度的經濟成長後勢可期，它仍需花上至少兩代的時間來達到美國的水準，真可謂長夜漫漫路迢迢。而隨著印度公民的所得提升，他們的各種需求也將愈發迫切，舉凡農業機具、交通運輸工具、低溫設備，以及家庭娛樂等需求不只日益增多，對於品質的要求也是更上層樓。

截至目前為止，我們已點出問題的癥結。對於那些棲息在富

國枝頭上的企業高管們，名為思想的陷阱之網已設下，想要脫困實屬不易：「事實上，發達國家從很早以前就面臨各種挑戰，所以它們不斷地進行創新。何需額外為了因應新興市場之需而創新呢？何不直接把我們既有的產品和服務賣給它們？」

很不幸地，這種想法太過簡化。印度的經濟發展模式並不會按照發達國家的既定腳本走。要解決老問題，印度可以使用新技術，因為它有絕佳的優勢。另外，即便印度有類近於發達國家的需求，兩者的條件——基礎建設、地理、文化、語言、政府等——都存在著顯著的差異。

對土生土長、深根於此的發達國家企業領導人而言，這些巨大的需求差異帶來的是空前的極鉅挑戰。逆向創新的開端並不始於創造，而是始於遺忘。你必須放下過去所學以及昔日見聞，包括那些過去助你成功的一切。同時，你在發達國家左右逢源的主導邏輯也都需一併放下。如果你想利用當今的科學與技術來滿足開發中國家的需求，那麼必須先從保持謙卑與好奇心開始做起。

說句實在話，你最好假設自己剛剛才登陸火星。

我們接下來要點出新興市場與發達國家的差異，為了大幅提升討論層次，我們不從表面淺顯的人均收入來看差異，而是從五大項的需求落差下手。此外，接下來我們也將一併闡述新興市場的需求解套方案成效如此卓越的原因。

逆向創新的濫觴：從離家千里之外開始

逆向創新的濫觴來自於五項需求落差，包括產品性能、基礎建設、永續經營、法規政策，以及使用者偏好等落差。且看以下詳述。

產品性能的落差

　　開發中國家的口袋不深，買不起我們所熟悉的發達國家高階產品。甚至連富國視為低階的產品，他們多半都負擔不起。然而，這不代表他們不需要創新。

　　一般而言，我們會將產品分為「可－佳－優」的等級。優級產品以100%的價格展現100分的產品性能，90分性能的佳級產品則以90%的價格販賣，而尚可等級的產品價格為80%，產品性能同為80分。若想滿足新興市場的需求，最簡便的方法便是將產品略為修改，把尚可等級下降到普通等級，以70%的價格換得70分的性能。不過，這種普通等級的產品市占率通常都微乎其微。

　　最熱切渴望新科技能所有突破的反倒是開發中國家，因為如此一來便能以極低的價格提供堪用的產品——意思是說，以15%的低價提供50分性能的產品。如果僅靠修改既有產品，絕不可能做到如此激進的地步。想創造全新的價格－性能向度，唯一的辦法就是把過去通通砍掉重練。舉例而言，Nokia手機當初能夠占據印度60%之大的市場，正因為它們將價格壓至極低，一些消費者甚至只花5盧比就能買到一支Nokia手機（公告的原價為20到30盧比，這僅算得上發達國家高階手機零售價的零頭而已）。

　　Nokia是怎麼辦到的？答案是，透過對於手機的重新想像。Nokia為了縮減成本，一次只生產少數幾個基本款式，而不像其他競爭者的款式甚至多達十幾種以上。除此之外，Nokia還做了客製化的設計，例如：增加印度語的輸入法，但並非直接灌在硬體裡，而是需另安裝軟體——這樣做也頗省成本。此外還增加了一些手機功能，比方說強光手電筒，讓飽受電力不穩所苦的偏鄉

使用者視如珍寶。不同的市場有不同的需求——特別是對產品性能的不同需求，這一點Nokia再清楚不過了。因此，Nokia創造的新產品能夠以合理的價格滿足實際的需求。[1]

基礎建設的落差

　　發達國家的各項基礎建設都已完備，但落後國家卻不然。舉凡道路、電信網路、發電廠和機場等實體建設，學校、大專院校醫院等社會建設，以及銀行、法院和股市等各項機關建設，發達國家的完成度都非常高，但在落後國家尚未完工。完備的基礎建設通常被視為是發達國家的強大資產，認為這些堅如磐石的根基應該能夠助創新一臂之力。然而事實上，缺乏基礎建設也可以成為逆向創新的優勢。有時候，令人意想不到的創新果實反而是出自那些艱難困頓的條件限制，比方說，不穩定的供電可以激發出饒富創意的應變措施。以缺乏醫療照護建設的印度為例，奇異集團的醫療部門的可攜式心電圖錄器在此應運而生，之後，這項突破性的技術也對發達國家產生影響（在第十章中會有更詳盡的介紹）。況且，富國與窮國的基礎建設市場也存在著各自迥然的差異。事實上，有差異的市場就有逆向創新的施展機會。當開發中國家從基礎建設開始發展起，便產生對於建築業的大量需求。但發達國家則非如此，他們在既有建築物使用壽命上限之前，不會進行新的建設。因此對於建築產業而言，開發中國家的市場正茁壯熾熱，而發達國家則屬於微溫的重建市場。

　　更甚者，當發達國家採用新穎的基礎建設技術時，他們必須設法讓新舊系統相容。因此他們的選擇變少，僅能依循陳年舊例而行。而開發中國家則不受過去的圍限，較有機會展開突破性的科技大躍進。

因此，我們可以看到一種頗為突兀的情形：開發中國家通常都缺乏基礎建設，但只要有，多半都極度先進。

第三世界國家已經有為數不少的前例，向世人展示他們世界頂級的基礎建設，讓人們不免偶爾懷疑到底誰才是已開發國家。從紐約的甘迺迪機場搭趟飛機到北京，比較一下這兩個機場，你就有了答案。或者你可以試著從佛蒙特的鄉下撥打手機，比較看看和從摩洛哥的鄉下撥打到底有什麼不同。（Nokia 之所以能夠在印度獲得如此高的市占率，原因之一就是它在印度鄉村設立了先進的無線設施。）

開發中國家在無線電信方面的急速進展，影響的層面還不只是手機通訊而已，還從實體銀行一躍晉升到手機銀行的層次，而且擁有十分普及的用戶群，另外，遠端醫療也是另一項非常早就展開的科技。

永續經營的落差

隨著世界經濟的成長，經濟活動帶來的環境問題只將日益嚴重，否則這問題不會變成讓全球都齊心關注。而例如對於空氣品質等個別問題，若以一到十級區分嚴重程度，某些國家可能到第九級，但另一些國家可能只到第三級，也有一些特例的開發中國家空氣污染的程度超過第十級。

比方說，中國的空氣汙染問題異常嚴重，若以空汙數值 1 到 500 來看（1 代表最乾淨，500 代表最汙濁），北京的數值動不動就飆高到 500；而以美國的標準，100 以上就已算是無法忍受。難怪中國竭力想推行電動車。

電動車的存在已經由來已久，但仍因電池要價昂貴而無法拉抬普及率。中國當地的公司正肩負這個挑戰。位於深圳的比亞迪

實業公司發表了一款磷酸離電池的可充電動力車，這間公司雖然名不見經傳，但他們發表的這款電池可是十分引人矚目，甚至吸引股神巴菲特買下比亞迪一成的股份，價值大約兩億三千萬美金，由此可知比亞迪的遠景十分值得期待。

如果世界上58億的落後國家人民消費並生產的產品對環境有害，其後續效應不僅將成為落後國家的惡果，也是整個地球的共業。想要讓經濟繼續成長，落後國家必須採取對環境友善的「綠色」對策，如此一來似乎也促使新興市場的環境友善科技產生突破性的大躍進。

法令規章的落差

法令規章就像雙面刃。新制度的出現，幾乎總是在市場經歷過不幸的事件，或曾有「不良」行為發生，而被批評過度自由之後。發達國家則因為擁有較悠久的歷史、文化與法律傳統，所以有較為先進的法令規章，若依法正確行事可以確保市場的公平運作，以及消費者與工作場域的安全。但如果法令規章變得錯縱複雜、陳腐難行，或被蕭規曹隨的既得利益者所限制，那麼它就成了累贅的藩籬，阻礙創新的前進。

由此可見，開發中國家阻力較小，有利於創新，進展也快些。（以上的觀察結論不代表我們對新興市場規約的評價，而僅是純粹的事實，缺乏完善的法令制度創新有時候對某些創新有加分的效果。）我們來看「全民診斷計畫」（Diagnostics For All）的例子。這個波士頓的非營利組織研發出一種用普通紙就能診斷的方法，將血液、尿液、唾液或汗水滴在尺寸如郵票大小的診療試紙上，特殊的化學物質會產生反應而改變顏色，做為診斷的依據。這方法既簡單、快速又便宜，不需使用耗費成百上千元美金

的儀器，也不需由專家判斷測試結果。儘管這技術在發達國家廣
受歡迎，「全民診斷計畫」決定將它優先推廣到開發中國家，因
為這麼做不僅規避既緩慢又煎熬的美國食品藥物管理審核流程，
也不須擔心擠掉既有品牌可能面臨的阻力（甚至是惡意的施
壓）。

使用者偏好的落差

　　周遊世界各國最令人享受的地方莫過於發掘各國豐富多樣、
大異其趣的品味、喜好和習慣。我們可以在大眾化的消費品上面
看出喜好的多樣性。就拿點心類產品當作例子，在印度，百事
（PepsiCo）用扁豆當原料來研發新點心，而不使用富裕國家到處
可見的玉米，當然多數美國人從小到大都未曾吃過扁豆（見第十
一章）。由此可知許多開發中國家的營養減重食品並不受發達國
家的青睞。

────────

　　以上所舉出的五項需求落差充分顯示，能夠解決開發中國家
問題的方案並未出現在發達國家裡（見表2-1）。

　　更進一步來說，低收入國家得以用現代科技來扭轉他們的困
境，這是數十年前發達國家在開拓市場時，無法享有的經歷。

　　因此，要掌握低收入國家的商機代表一切都要從起跑線開
始。而逆向創新指的正是從零開始的創新。

表2-1 逆向創新必須從零開始做起的原因

新興經濟體與發達國家之間的五項需求落差如此確切,單純將產品出口很難滿足新興經濟體的需求。

落差	說明	方法	範例
產品性能	低收入國家的消費者已經明白必須在產品性能上有所犧牲——以此換取合理的價格。	以15%的價格,擁有50%的性能設計。	諾基亞手機
基礎建設	發達國家的基礎建設已完成,新興國家則還在進行中。	首先,低收入國家需要的解決方案不能依靠基礎建設。 再者,低收入國家的基礎建設能快速的採用最先進的解決方案。	印度的電信系統不穩定,因此可攜式的電池心電圖儀器能在這裡蓬勃發展;同時,印度亦缺乏有線電話,因此無線電技術有了用武之地。
永續經營	低收入國家面臨許多地球環境永續發展的挑戰。	通常低收入國家比發達國家更渴求新一代的環境改善之道。	中國的電動汽車
法令規章	新興國家的法規較不完善,因此創新常能占得先機而搶進市場。	低收入國家能率先通過新產品上市的規約手續。	全民診斷計畫
使用者偏好	每個國家的使用者品味與偏好都不盡相同。	想創新,必須對使用者的差異詳加考察。	扁豆製食品在印度的盛行率。

挑戰逆向創新的目標:全盤皆贏

我們在此想傳達的理念再清楚不過:

一、機會,在開發中國家俯拾皆是。

二、開發中國家和我們所想的不同——絕非大同小異,而是

雲泥之別。

　　三、創新才能贏，單純出口則會失敗。

　　以上所言只能算是開端，並非完整的內涵，關於怠惰的後果我們尚未提到，缺乏逆向創新並非只是輸掉海外商機而已，更驚人的風險還在後頭，海外的損失會引發在母國更巨大的損失。

　　原因何在？因為，即便開發中國家首先採用逆向創新，故事並非就此完結。全球經濟緊密相關，逆向創新是足以撼動全球的。有朝一日，逆向創新也有可能從低收入國家移轉到發達國家。一開始你會覺得這樣的轉移出乎意料，不合乎直覺，因為畢竟一開始是因為開發中國家和發達國家之間存在巨大的需求落差才有創新的機會。在巨大的需求落差之下，創新如何逆流？

　　我們相信有兩種截然不同的機制存在著——今日的邊緣市場和未來的主流市場，而無論是何者，對於發達國家來說都非常有吸引力。

今日的邊緣市場

　　發達國家的邊緣市場缺乏照顧，並非因為它們不需要創新，而是因為它們規模太小，不值得投注創新的成本。但若將一個發達國家的邊緣潛在消費者，換算成開發中國家的五十個消費者，情況又會變得怎樣呢？當一個邊緣化的小眾市場被放大成五十倍時，這種市場頓時變得魅力十足了。

　　發達國家的低階汽車市場一直很邊緣。福特、奧迪這類的車廠所做的創新都是為了滿足中產顧客或上流社會。經濟能力較弱的顧客只能選擇被淘汰的過季品。這模式雖然不難理解，但只有思想被蒙蔽了的企業高層才會信以為真。忘記底特律，把德里當作你的利基據點，那麼低階市場絕非垃圾窟，而是黃金屋。

　　二〇〇九年三月二十三日，印度頗具傳奇色彩的塔塔集團推出了Nano，只需花兩千美元再多一點就能買到，Nano無疑是全世界最容易入手的車。它一上市，整個印度的汽車市場立刻風雲變色。部分人士預估65%的印度中產階級可能會開著Nano車跑來跑去，因為這種代步工具比電動自行車更安全，人們對於安全的需求因而被滿足。然而儘管商機無限，讓機會溜走的發達國家汽車製造商還不只一兩家，大概所有人都未曾真正留心。

　　塔塔實行的是簡約工程，挑戰了所有降低成本的工業標準認知，例如智慧性設計、新原料和供應鏈合作等。成熟的大型汽車製造商不只失去了這個拓展海外市場的機會，並且還為母國市場引來迫在眉睫的危機。塔塔汽車計畫要擴大Nano的平台，讓它在歐洲和美國上市。塔塔在低階市場上似乎將成為可畏的競爭對手，足以挑戰本田和福特這些工業巨人。

　　銀行業也曾輕忽低階市場。尤努斯（Muhammad Yunus）在孟加拉創立了葛拉敏銀行（Grameen Bank），推行小額貸款幫助窮人微型創業，貸款金額之微薄，大銀行不可能從中獲利，但尤努斯將機會擴展開來，掀起一股微型金融革命（尤努斯更因此而獲得二〇〇六年的諾貝爾和平獎）。

　　尤努斯每一次貸款的回收，都挑戰著對大型商業銀行既定的思維模式。一般銀行借錢給富人，葛拉敏卻借給窮人；一般銀行借錢給男人，葛拉敏卻借給女人；一般銀行開在都會區，葛拉敏卻開在偏鄉；一般銀行需要抵押品，葛拉敏卻延長信用期；一般銀行簽訂制式合約，葛拉敏卻以同儕壓力作為合約。（如果借貸團體其中一人違約，則整個團體未來都被禁止貸款。）自一九八三年起，葛拉敏總共提撥了九十億美元的貸款，回收率達98%。除了一九八三、九一和九二年之外，其他每一年都獲利。

　　以孟加拉為圓心，微型貸款銀行激起的漣漪已擴及世界一百多個國家。時至今日，微貸模式甚至已在美國紐約市的貧窮區域占有一席之地。

明日的主流市場

　　當逆向創新能呼應主流需求時，它便成為一股強大的力量，若你雙眼放亮，將能從中獲得莫大的良機，但若對它視而不見，則已開發國家的商場老將優勢地位亦將陷入駭人的危機，你勢必會失去比商機更寶貴的東西，那就是市場占有率。

　　逆向創新並非一開始就能呼應主流市場的需求，低收入國家的創新一開始並不受主流發達國家的青睞，但凡當需求落差被逐漸弭平，就是時機成熟的時候了，逆向創新終將變得深具魅力。（見〈奇異集團超音波的逆勢崛起〉一節）

奇異集團超音波的逆勢崛起
中國製造、中國訴求的創新如何打入發達國家市場

　　下次你做內科例行檢查時，如果醫生沒有使用聽診器，請不需感到驚訝。雖然聽診器是個由來已久的醫療器材，技術精良的診斷師都靠它，但是它很有可能走入歷史，就像打字機一樣。聽診器讓人聽見體內臟腑的聲音，這樣已經很厲害了，但能用看的則更了不起。如今的醫學顯影科技竟已進步到可以將超音波器材放入每一位醫生的外套口袋。

　　二〇一〇年，奇異電氣醫療集團推出超音波顯影設備Vscan，它是一種使用方便的電池手持裝置，尺寸等於一支手機，足以掀起

一場醫學革命。且不論Vscan超級迷你的尺寸有多吸引人，最引人入勝的還是在於它的出身：早在二〇〇二年，奇異第一代的小型超音波機就已在中國生根萌芽。接下來，全世界數以百萬的病患都受惠於它的精密顯影能力──而且成本極低。

　　奇異的故事只是一個早期的案例，由此可知逆向創新改變市場的能力，剛開始只是為了滿足新興市場的需求，到後來輾轉能在發達國家占據一席之地──將今天的邊緣市場變成明日的主流。

　　自八〇年代起，奇異一直以業界領導者之姿，提供功能強大的大型高價超音波掃描器。奇異為了刺激事業成長而向海外市場探詢，它看上了人口超過十億的中國，便在此展開一套典型的全球在地化，它順理成章地在中國設立了業務與經銷中心，準備將既有的全球產品銷售到中國本地。

　　十年後，奇異碰到了瓶頸，業績停滯在區區五百萬美金──根本是少之又少──而且成長緩慢。奇異在中國坐冷板凳了。

　　然而事情在二十一世紀的頭十年起了變化。二〇〇二年，奇異第一代的可攜式超音波掃描器在中國上市。二〇〇八年的售價只訂一萬五千美元，是傳統機器的15%。當然，機器性能並不是太厲害，但也不會只有15%的性能，況且之後推出的機型也將不斷進步。

　　奇異為何能獲得成功？原因在於他們放棄全球在地化的模式，並充分體認到唯有逆向創新才能滿足以下的特殊需求：

- **價格需極端低廉**。九成以上的中國人仰賴陽春的低技術醫院，或基層的鄉村診所。看醫生要花多少錢是這些病患的第一考量。
- **設備需便利可攜**。要去城市看診是如此不易，而鄉村診所缺乏

精密顯影設備，許多病人又無法奔波去城市看診，尤其當身體還生著病。所以應該要由設備前往病人所在之處。

- **使用的便利性**。鄉村的醫生並非像發達國家的醫生一樣專擅某科即可，相反的，他們必須十八般武藝樣樣精通。因此，他們需要非常容易使用的超音波器材。

奇異委任熟稔全球事業經營的第一把交椅奧馬（Omar Ishrak）負責發展中國適用的超音波儀器。（他如今是美敦力的CEO。）奧馬的強項在於一面確保當地營運的財務自主權，一面挹注來自全球的必要資源。他所領導的以色列產品開發團隊能夠突破思維，將昂貴的硬體轉換成便宜許多的軟體，大大降低了成本。

如今，奇異的可攜式儀器帶動了中國的超音波業績成長。在二〇〇二到二〇〇八年間，全球的可攜式超音波儀器業績從四百萬美金飆升到將近兩億七千八百萬美金，是年平均綜合成長率的五到六成。在許多嬰兒與胎兒死亡率很高的低收入國家裡，從前的婦女還需花兩到三天搭巴士就醫，今天她們已經能夠在自己的村鎮進行超音波檢查。對奇異的儀器工程團隊而言，能夠照護他人的健康是一件很有成就感的事。

這些結果很值回票價，但這還不是故事的結局。發達國家原本認為這項新儀器的利基薄弱，不值得投入研發成本，但奧馬和他的團隊驚喜地發現，可觀的商機就藏在以下這些邊緣市場裡：

- **急救醫護現場**。多虧小型超音波儀器的發明，今天急救醫護人員可以直接在救護車上或意外事故現場使用這些設備。
- **急診室**。由於小型超音波儀器便於攜帶使用，內科醫生能夠利用它迅速做出診斷（比方說，找出內出血與血塊的位置）以判斷病患是否需接受進一步較昂貴的檢查。

● **手術室**。手術前，麻醉師用小型超音波儀器來進行麻醉針與導
管的定位。

　　但凡當需求落差變小之際，逆向創新即便走得稍慢，仍然能夠
撼動主流市場。在奇異這個案例中，技術日益的進步拉近了需求的
落差。在二〇〇二到二〇一一年間，主流市場對奇異產生了興趣，
因為它在儀器的顯影品質上有所進化。如今稍微高價一點的可攜式
電腦超音波掃描器擁有心臟顯影、X光片和婦科超音波等功能，這
些以前都要昂貴得多的儀器才能做得到。

　　基於為社會控制醫療成本的前提，美國以及其他已開發國家將
熱烈擁抱這項低成本的技術，因為它的性能幾乎能夠與高價儀器互
相匹敵。而奇異確實早在十年前就已預測到，他們當時還預測這項
投資會擴展到全球市場。奇異花了十年的投資在可攜式超音波儀器
上，一開始它們肯定預測到，未來有一天這項技術將會全面占有市
場，自家的既有市場是否會被蠶食早已不足憂慮。

━━━━━━━━━━━━━━━━━━━━━━━━━━━━━━━━━━━━━━━

　　新產品從一開始在低收入國家上市，然後風靡到發達國家，
這當中有一段時間落差，這正是逆向創新對現任優勢者最大的威
脅。當優勢的一方理解到他們錯過了來自於開發中國家的巨大產
業變革之際，無論是在技術、經驗和產能上，都已經落後數年
了。（見表2-2）

表2-2 逆向創新兩種上游路徑

目的	目前狀態	驅動力	怠惰的後果	範例
邊緣市場	立即的	富國小眾市場的需求,其利基近似於低收入國家的大宗市場	失去商機	在紐約市貧窮地區推行的小額信貸
主流市場	延遲的	縮短需求落差的趨勢	發達國家目前的市場地位很可能被嚴重侵蝕	可攜式超音波儀器的性能有所提升,甚至能夠與傳統儀器匹敵

弭平需求落差的趨勢

如果你知道你要找什麼,就不難察覺這股弭平需求落差的趨勢。現在讓我們再來看一次這五種落差何在。

如何弭平性能落差

發達國家一向無法接受性能低於八十分的產品,因此當然不會喜歡一個15%價格、性能卻只有五十分的產品。不過,科技總會進步——而且往往進步神速又不留餘地。隨著科技的進步,性能落差會愈變愈小。只消短短幾年,五十分的性能便能進步到九十分。你瞧!發達國家的顧客就在轉瞬間感到興味盎然。[2]

想想小筆電,這種既小巧輕薄、攜帶方便又價廉物美的筆記型電腦,在美國和其它發達國家都蔚為風尚。雖然比不上蘋果的iPad的熱度,但小筆電在全世界仍擁有非常巨大的商機,能在一片蕭條的個人電腦產業裡迅速擴展。小筆電不僅方便攜帶、可以上網,而且有真正的鍵盤,結合了一般筆電和智慧型手機的優

點，且螢幕尺寸恰到好處。

　　你以為已開發國家會最早接受小筆電，但事實並不然，其實是開發中國家率先播下小筆電的革命種子。打頭陣的是二〇〇六年的「每童一電腦計畫」（One Laptop Per Child，簡稱OLPC），以極低的成本讓低收入國家的學童買得起電腦。這款筆電的設計者是美國麻省理工學院媒體實驗室，由廣達（Quanta Computer）生產製造，每台售價只要一百七十五元美金，不可思議的便宜。

　　每童一電腦計畫激發了另一個台灣跨國企業華碩的行動。華碩是全世界最大的個人電腦主機板製造商，它設計了適合開發中國家的小筆電—— Eee PC，一台價格從兩百美元起跳。自此，小筆電的技術勢必會進步，品質必將提升，銷售版圖也肯定向發達國家擴張，一切都只是時間早晚的問題罷了。

　　在發達國家，支出預算的緊縮，也會讓原本「尚可」的產品更能被接受，這也能縮小產品性能落差。舉例說明，由於醫療保健支出無可抵擋的增加，使得奇異的可攜式超音波儀器，或NH醫院大幅降低心臟手術成本的技術，都已經（或者即將）贏得主流市場的青睞。

如何弭平基礎建設的落差

　　讓我們舉個能源工業的例子。低收入國家過去並沒有太多能源基礎建設，一切新建設幾乎都要從零開始，因此二十一世紀它們有機會大幅躍進，且能夠運用當今最新的技術。

　　相較之下，美國早在二十世紀就已投資了巨額的能源基礎建設，包括巨型中央發電廠、石油提煉、精煉、輸送和佈管網絡等。已開發國家進行這些能源基礎建設之際，石油仍價廉，當時的再生能源還很昂貴，並不可行，人們當時也並沒那麼關注全球

氣候變遷的問題。且當時的能源建設的使用壽命都長達數十年，能源公司的經營者絕不樂見這些資產有朝一日面臨淘汰的命運。

　　以美國而言，它們的能源公司並不會汰換掉既有的能源，而是會投資再生能源。由此觀之，先進國家既有基礎建設的逐漸老化，會帶來弭平基礎建設落差的良機。最後，到了非得汰舊換新的那一天，已開發國家終將採用創新的建設。

　　印度的能源建設發展說明了新興市場將躍進到何種程度。印度人口有將近七億五千萬人之多，大多人仍然沒電可用。印度的基礎建設模式並不遵照先進國家的藍圖進行，而是直接跳級。舉例而言，再生能源將是印度的核心能源，而非次要能源。到了二〇二〇甚或二〇三〇年代，印度的太陽能和風力發電比例將會是美國的五倍之多。而在太陽能和風力無法供電之處，也會採用天然氣或生質能源的渦輪發電，其占地不到先進國家發電廠的百分之一，不會動用非常大片的土地來蓋發電廠，而且，他們其實比較傾向建立上千個小型的發電廠，以新一代的「智能電網」連接起功能複雜的輸電網絡。

　　類似的情形也發生在中國。二〇〇三年，當時中國還沒有太陽能發電，而今天，中國已成了太陽能發電的世界領導者。自二〇〇六年起，中國的風力發電量就逐年以雙倍成長。跨國企業如果還不仿效中國與印度，著手領導世界的能源工業，那麼像中國的金風科技和印度的蘇思藍（Suzlon）這些風力發電商將會風靡全世界，而現在的跨國企業將只能在這場比賽中敬陪末座。

　　即便在汽車市場這類「個人基礎建設」的層次，我們也看到相同的發展趨勢。電動車市場似乎在中國的成長潛力比在富有國家來得快，原因很簡單，許多中國人尚未買車，而電動車將成為他們購買第一輛車的選項。相反地，大部分的富國車主已經擁有

了內燃式引擎車，並不願意貿然地換掉，況且他們覺得電動車的馬力和性能都及不上石油汽車。很顯然地，電動車很可能在美國碰到大釘子。而唯有改變這些先入為主的觀念，電動車才可能被廣泛的接受。

如果通用汽車（GM）和Toyota想要贏過新能源車種比亞迪（BYD），就必須即刻進行逆向創新。二○一○年五月，比亞迪與德國汽車製造商戴姆勒（Daimler）結盟，針對中國市場共同開發一款電動汽車。戴姆勒的引擎和設計強項能夠拉抬比亞迪的競爭力，當然，開發中國家的市場就是他們的目標之一。同時，戴姆勒的電池技術也將更加進化，更深刻地理解快速崛起的市場。

如何弭平永續經營的落差

低收入國家幾乎已是未來新興綠色產業的培養皿，因為它們面對的都是最嚴酷的環境考驗，而且議題甚為多元，包含廢棄物處理、農業永續以及水質淨化等。而已開發國家也逃不掉環境永續的課題，因此，與開發中國家的落差也將縮小。許多專家已經預言，美國大峽谷在不久的將來會面臨水資源的危機，對此奇異已端出了解決對策，可能讓鳳凰城和拉斯維加斯的居民稍稍安心一些，然而奇異一開始並非為了這些居民著想，而是為了它在阿爾及利亞首都阿爾及爾城所投資的大型去鹽化工廠，如今福澤已廣被整個地中海區域，該地區的民生用水已能擺脫有限配給。

如何弭平法令規章的落差

低收入國家的政府核發申請的速度較快，陳規阻力也小。最終，發達國家也將改變他們的行政流程，以便讓創新加速通過各項手續，若能如此，與低收入國家的差距亦將弭平。若是要等

「為全民診療計畫」通過所有美國的規章手續，在美國推行，那時市場上早已有進化過的產品、累積夠多的經驗，以及已建立好的規模。

如何弭平使用者偏好的落差

當使用者的偏好落差漸趨弭平之際，原本僅為低收入國家進行的創新，也會滲透到發達國家。你瞧，印度咖哩雞（chicken tikka masala）現在可是英國第一夯的速食！更廣義地來看，發達國家愈來愈喜歡天然食物以及有益人體的添加物。後來發現，許多開發中國家的常見食物正是既天然又健康。

二〇〇三年，寶僑家品（Procter & Gamble，P&G）為墨西哥的低收入消費者推出一種治療咳嗽的成藥，這款名為VickMiel的咳嗽糖漿添加的是天然蜂蜜，而非人工香料，目標客群以偏好順勢療法治療感冒和咳嗽的人為主。墨西哥一上市，其它拉丁美洲國家也跟著流行開來。二〇〇五年起，寶僑把這項產品引介到已開發國家，包括美國、英國、法國、德國、義大利和瑞士等，訂價比寶僑自己的重點產品Vicks 44還要便宜。在意價格或偏好天然添加物的消費者深受吸引，使得這項新產品大獲成功。（見表2-3）

表2-3　弭平五項需求落差的趨勢

落差	說明	趨勢
產品性能	低收入國家顧客的薪資微薄，因此如果價格夠便宜，他們願意犧牲產品性能。	首先，隨著科技的進步，產品性能也將會進步到讓發達國家消費者也感興趣的程度。第二，發達國家手頭較緊時，亦不得不考慮購買低價產品。

基礎建設	富國的基礎建設已發展完全，而窮國的才正在建設中。	富國老舊的基礎建設將面臨汰換。
環境永續經營	低收入國家如何延續地球環境，這是他們面臨的巨大挑戰。	發達國家也開始面臨這股壓力。
法令規章	新興經濟體的法規較不完善，當公司將創新導入市場時，所受的法規羈絆較少。	發達國家的政府終將修改法規，或核准新科技的問市。
使用者偏好	每個國家都有各自獨特的產品使用偏好。	發達國家的使用者偏好會受低收入國的影響。

　　逆向創新既有以上所述的五項需求落差，以及弭平落差的趨勢，它必將成為每一個跨國企業制訂策略時的重要參考因素。在下一章裡，我們會討論全球跨國企業需要採行哪些具體步驟，以便進行逆向創新的心理建設。

重點回顧

一、想要完全掌握開發中國家的商機，必須得從頭尋找解決方案。逆向創新就是從零開始的創新。

二、新興市場和已開發國家之間存在著五個巨大的需求落差：產品性能、基礎建設、法令規章、永續經營和使用者偏好。

三、逆向創新逆流到發達國家的途徑有兩種。一種是在市場規模還小時就搶占先機；另一種更常發生的狀況是較慢抵達主流市場，不過該時發達國家和低收入國家的需求落差已經縮小，也早成了定局。

第三章

改變心態

讓跨國公司獲致如今成功的墊腳石，
其實已成為在新興市場創新的絆腳石。

在七〇與八〇年代間，全球市場被來自美國與加拿大、西歐、日本的跨國企業畫分為三大主要區塊。而世界的「其他地區」則被視為無關緊要的第四區塊。

而如今，這所謂的「其他地區」已經不再無關緊要，反而是已開發國家的跨國企業——特別是那些頂尖成功的企業——不斷地在新興市場中拼命掙扎。事情為何變成這樣？原因很簡單，因為這些跨國企業被過去的成功絆住了。過去的經驗讓他們困在舊思維裡，若再擺脫不掉歷史包袱，則未來的前途將會一片慘澹。

在第三章裡，我們將檢視這些跨國企業的世界觀。過去他們在國內市場和其他已開發國家的既有經驗，形塑了主導邏輯（dominant logic），他們傾向用這心態來看世界，令人遺憾。所謂的主導邏輯匯聚了各種主要影響企業決策的思維模式，這種信仰深入人心、影響深遠，根植在過去的各種行為和經驗之中。

如果企業能持續成功，某方面而言必定是它突破了界線，對

過去經驗不再未經思索地全盤接受。企業高層主管對過去的成功深信不疑，常常根據經驗做出決策，但這份深信不疑不只存在於經營團隊當中，它更滲透到了組織人際關係、計畫程序、績效評估系統、組織架構、人力資源政策以及溝通模式等。

這種稱為主導邏輯的信仰就像雙面刃，它可以延續強而有力的「全球在地化」效應；但若對它毫不存疑，它將成為一種自我欺騙，限制了企業的發展，使你掌握不了新興市場的商機。

人性很自然地會預期未來和過去經驗相差不遠，然而，過去經驗正是學習逆向創新的最大枷鎖。哲學家桑塔雅那（George Santayana）有句名言：「忘記歷史注定重蹈覆轍。」我們在此滿懷敬意地將其改寫為：「跨國企業若無法選擇性地忘記歷史，即便物換星移亦必將重蹈覆轍。」

本章前半部解釋了為何主導邏輯讓成功平添障礙，接下來的後半部，我們將提供實際試驗過的策略，用以改變心態、掙脫枷鎖。

陳腐的思維如何阻礙逆向創新

從「向新興市場出口」轉變到「因應新興市場而創新」，這是非同小可的企業文化變革。如果你已決心擁抱逆向創新，且已充分認知五項需求的落差，以及弭平落差的趨勢，並在你研擬企業策略時將它們一併納入考量，那麼，現在你必須先擺脫那些阻礙你的心理預設和思想陷阱，以及對未知的恐懼。

如何做呢？第一步必須先認清這些有害的障礙物。你必須完全對你的主導邏輯有自覺。

要檢視你企業裡的主導邏輯，最好的辦法就是去看看現下漸

趨精密的新興市場運作模式,以及這些模式在全球經濟裡所扮演的角色,並且讓組織中的每一個人都能成為高竿的頂尖人物——達到第五級的思維層次。但眼下你的團隊停留在第幾級的思維層次呢?他們又是在哪一層跌倒的呢?

第一層次:只有發達國家才重要。低收入國家太窮,不值得關注。

第二層次:低收入國家有機會讓我們推銷我們在經濟金字塔頂端的產品。這個市場將隨著低收入國家日漸富有而慢慢擴大開來。

第三層次:新興市場的消費者有不同的需求,我們必須將既有產品與服務做客製化的調整。

第四層次:新興市場的需求與我們的大相逕庭。為了掌握商機,我們必須從零開始設計新產品與新服務。

第五層次:風險藏於全世界,而非只有一處。

以下讓我們來逐一仔細檢視這五個思維層次。

第一層次的思維:低收入國家無關緊要

還好,現在仍這麼想的跨國企業已經不多了,因為一些顯而易見的事實和數據圖表都足以改變你的心態。跨國企業如果想讓企業繼續成長,就必須直搗黃龍,深入新興市場。

第二層次的思維:守株待兔

第二層次的思維其實很普遍。會有這般思維,是以為新興經濟體正用同樣的發展模式逐漸趕上發達國家的腳步。這我們在第二章有提過。

　　抱持這種思維的發達國家企業高層認為，只需要暫且守株待兔，等待開發中國家更有錢的那一天，他們的需求就會增加，這種想法就像企業的定心丸。企業高層可能認為：「我們只要恪盡本分就好，因為開發中國家總有一天會愈來愈像我們國家，也會有愈來愈多的顧客想要我們的產品。市場終將明朗起來。」

　　這種「守株待兔」的思維模式很懶惰，更讓人迷惑。比較一下印度與美國的人均國民所得，現在的印度等於兩百年前的美國，莫非印度會拿美國的經濟史當作自己的發展指南？

　　再想想看，真有這種可能嗎？請回想十九世紀末人潮擁擠的紐約街頭。大家想得到的情景都很類似：街道上充滿了馬與馬車。那麼，再來看一下現代孟買的街頭，充斥的不是馬或馬車，而是電動自行車！的確，美國在任何一個經濟發展的階段都未曾把電動自行車當作普遍的交通方式。這表示開發中國家並未跟著發達國家的腳本走。新興經濟體絕非只是「追趕」而已。

　　事實上，比起兩百年前的美國，當今印度和其他開發中國家的處境更令人稱羨。他們如今能運用的絕非兩百年前的技術，而是既獨特又前所未見的二十一世紀科學與科技。

　　所以，如果你仍然認為新興市場的顧客只是還沒準備好接納你的產品，那你真的落伍了。其實是因為你的產品無法符合新興市場的需求。過去成功的經驗也無法在這裡奏效。你需要邁向下一步。你需要創新。

第三層次的思維：客製化就已足夠

　　乍看之下，第三層次的思維察覺到一些創新的需求，看似接受了新興市場的真實面。但其實仍停留在第二層次的思維，只是包裝得漂亮些。這層次的思維不只普遍，更是深植於許多資深跨

國企業高階經理人的心中。早在七〇和八〇年代，跨國企業建立了一套簡易的創新模式：在自己國內開發商品，稍加修改設計後，再銷售到世界各地——通常真的只是為當地市場做小幅度的修改。這種作法就是全球在地化。

顧名思義，全球在地化是全球規模與在地需求的折衷。跨國企業為了將市占率最大化，會盤算最理想的交易，並將成本最小化，讓全球銷售和在地客製化之間取得平衡。

自八〇年代以來，世界經濟發生了劇烈變化。但全球策略卻仍大同小異。全球在地化仍然是主要的劇本，不只跨國企業如此，連金字塔頂端的學術界也如此。[1]

全球在地化之所以非常盛行，是因為事實證明當企業要往其他發達國家進軍時，它能夠很有效地促進市場擴張。它功效卓越，並能有效串連不同國家之間的某些需求差異。無論是何種體質的企業，例如從本土長出的跨國企業（例如奇異），或者是利用併購建立鬆散聯盟的企業（如聯合利華），全球在地化都能幫助他們建功立業。

從前，新興經濟體尚未占領市場，低收入國家的中階與低階客群幾乎不存在，而發達國家主要就是依賴大眾市場，因而會產生全球在地化的主導邏輯。但如今，新興市場的成長規模已不容忽視，企業必須因應這個事實而調整全球策略。全球在地化的關鍵缺陷在於，它對待發達國家和低收入國家的方式沒有差別，但實在太少企業能體認到這一點。例如，它預設一間英國公司在印度開拓市場時，會面臨的挑戰大致上與在德國遇到的一樣。因此它在這兩個國家採取相同策略：移植本國成功的創新，再因應當地喜好而做出調整，但換湯不換藥。表3-1裡，我們將全球在地化的主導邏輯，以及逆向創新的實踐做一比較。

　　全球在地化的確能夠解決小幅度的各國需求差異，但卻無法
弭平貧富國家之間的根本落差。你多半沒辦法只是將發達國家設
計的產品做點小修改、刪除一些功能來降低成本，就想立即將它
以新品之姿推入中國與印度市場。因為更根本的落差在於，一個
市場裡每人花得起十塊錢，但在另一個市場裡，十個人只能各花
一塊錢。你需要的是更具變革性的產品。

表3-1　全球在地化的主導邏輯與逆向創新策略的比較

全球在地化	逆向創新
研發最適合開發中國家的產品	為新興市場尋找最佳解決方案
最尖端的智慧型高性能產品，兼具多樣化的功能，以及新穎又花俏的應用	廉宜堪用、品質尚可的產品
針對新興市場的產品，盡可能用最簡單的方式做設計，也就是剔除一些功能以降低生產成本	重新設計產品；從零開始的創新
高價格、高利潤導向	低價格、高量產導向
科技推動；以產品出口為策略	以顧客為中心；以回歸市場為策略
尋找銷售產品的對象	認清顧客所面臨的棘手問題，並開發能夠解決問題的產品
將產品賣給現有的顧客	使尚未成為顧客的人嘗試新的消費
獲得市占率	創造市場
加強現有產品的核心性能	建立新的產品核心性能
以利用的心態對待新興經濟體	以探索的心態對待新興經濟體
用已開發國家的產品來扭轉新興市場	在新興市場建立新的全球商業成長平台

　　就讓我們從一台再平凡不過的電冰箱來看看這兩者之間的差
異。在約莫一世紀之前，電冰箱開始進入發達國家的主流市場，

從當時的角度來看，這是一項奇蹟性的商品，它不僅延長了食品保存的期限、減少食物被糟蹋的情況，還替人們省時省力。第三級思想層次的人們會很自然地認為，也許只需將原有的設計稍做修改，等到哪天低收入國家的主流顧客收入增加到買得起電冰箱，就會對它愛不釋手，像自己當年一樣。

然而現實總是比想像複雜。在低收入國家，食物保存的問題必須用非常不一樣的方式才能解決。首先，低收入國家的消費者無法依賴電力，尤其是在鄉村地區。因此，隔絕效果不夠好的冰箱幾乎派不上用場。其次，他們的荷包不深，會願意犧牲產品性能來換取比便宜還要再更便宜的價格。

接著，一個符合以上期待的新科技出來了。戈德瑞博伊斯公司（Godrej & Boyce）開發了一款電冰箱，名為「小涼」（ChotuKool），在孟買生產製造，一台的訂價只要六十九美元。它具備密不透風的隔絕功能，且能依靠電池暫時供電。更厲害的是，它質輕量薄，只由少數幾個零件組成，但卻堅固耐用。

「小涼」用一種電腦散熱的特殊半導體晶片，來取代傳統壓縮機。現代電冰箱開始進入西方家庭廚房是在一九二〇年代，那時候當然不可能出現這種晶片，而如今它則充斥市面又相對便宜，可以創造出突破性的科技。當然，「小涼」這種新式電冰箱的溫控表現並不是非常優異，它最多只能低於環境溫度大約20度C（舉例而言，環境溫度為32度C，冰箱溫度只可到12度C）。不過即便如此，印度已經覺得這樣很好了，更何況「小涼」的功能還不只如此呢。[2]

一個存在已久的老問題（印度人需要冰箱），和當地的現實條件（不穩定的供電），以及最新的科技（散熱晶片），三個條件擺在一起可以產生創新的解決方案，第三級思維層次的人們無

法察覺這一點，因而與這項大好商機擦身而過。一家西方跨國企業，比方說惠而浦（Whirlpool），有沒有能力做出類似的產品，並拿全球在地化當武器來擊垮戈德瑞‧博伊斯公司呢？當然有這個能力。但是他們若只拿現有的產品去做客製化改良，那倒是絕對不會贏的。請注意，我們的意思並不是說全球在地化已經完全無用武之地了。

因為 Nokia 所屬的芬蘭公司（Finish）花了太多的心力在從事新興市場的創新，導致目前智慧型手機市場的大片江山都讓渡給了 Apple 和 Google。[3]這個事實告訴我們，仍不可偏廢為發達國家進行的創新，而這當中的拿捏絕非易事。

的確，全球在地化已經創造如今全球事業的巨大優勢，它既能夠讓發達國家彼此之間的互通有無，也將在未來數十年裡扮演營收的重要推手。此外，還能滿足低收入國家富人的需求。但是這些人畢竟是少數，在新興市場真正要掌握商機，還是必須從大宗市場下手，而這就是全球在地化踢到鐵板的地方了。

因此，我們獲得這樣的論點：全球在地化並不能作為一個通盤策略。跨國企業必須學習逆向創新，同時也不可偏廢全球在地化。

第四級思維層次：要創新，才會贏

企業想要跨越貧富國家之間的需求鴻溝，單單創新還不夠，還必須從零開始創新，這一點，第四級思維層次的人懂得。就如字面上的意義，從零開始代表了必須萬事歸零，重新審視以下幾個最根本的問題：

● 誰是我的目標客群？

- 我想傳遞哪些價值觀？
- 要用哪種價值鏈架構（value chain architecture）來傳遞？

　　從全球在地化轉變到逆向創新屬於不連續式的躍進（discontinuous leap），實行起來並不容易，但很振奮人心。

　　全球在地化的預設邏輯是以產品出口為導向：「我如何用現有的產品，盡可能地擴占更大的市場？」但逆向創新走的是回歸市場的道路，一開始先定位開發中國家的特殊需求，再回過頭尋找解決之道。然而從以前到現在，絕大部分的跨國企業對新興市場的研究實在少之又少。其實，每一個企業的決策者都應該對當地的需求和條件有所認識。如果不了解低收入國家的需求，就不可能會產生深謀遠慮的定見，企業前途也將是一片渺茫。而且，從全球在地化轉變到逆向創新必定會經歷不連續式的躍進，即便第四級思維層次的人已經理解這一點，仍然可能被某些思維陷阱困住，而無法設計出符合需求的產品，所謂的思維陷阱包括以下三種：

　　陷阱一：因為低收入國家的人均收入不高，所以只要舊科技和廉價品就能滿足他們。像這樣把低收入國家當作傾倒夕陽科技產品的垃圾場，實在是大錯特錯。要掌握新興市場的商機，並不單純只是靠低價銷售，而是如何創造出新的產品性價比，這往往需要一整套全新的技術，才能補強產品性能，比方說達到能用15%的價格買到性能五十分的產品的地步。

　　Sony將過季的產品和科技賣給中國，結果輸給了三星（Samsung）。如今，數位學習產業在開發中國家進展得最為迅速，印度鄉下的窮人善加利用這一點作為學習工具；至於排隊買便宜的黑白電視、或搶購絕版教科書這類的事情，他們則感到興趣缺

缺。舉例而言，麥格羅·希爾國際出版公司（McGraw-Hill）和印度的資訊公司威普羅（Wipro）共同開發了一種叫做mConnect的低成本教育學習服務工具，讓印度鄉下的居民得以用移動裝置來接收學習內容，印度有好幾百萬的年輕學子是重度手機使用者（平均每天使用五小時以上），對他們而言，這項高科技完全命中紅心，他們可以用手機進行技能訓練、學英文，以及準備大學的入學考試。類似的情形也發生在非洲，他們的低成本手機不僅可以上網，還可以玩最新的電動遊戲。

陷阱二：逆向創新一向都無所不用其極地將零售價壓到最低。開發中國家與發達國家有基礎建設、環境永續經營、法令規章以及使用者偏好等落差，但這些因素與逆向創新的極低產品價格，沒有必然的關聯。比方說，中國投資替代能源並非是因為它的低價格，而是因為中國尚缺乏完整的能源建設，而當今的環境條件限制讓中國必須選擇替代能源。

陷阱三：逆向創新就是產品的創新。此見淺矣。其實逆向創新的幅圍非常廣泛，不僅僅限於產品設計等工匠之事。許多逆向創新都是商業模式的創新，包含建立新的流程、新的合作關係、甚至重新打造價值鏈。更甚者，也有很成功的「市場進入策略」創新。最強大的逆向創新往往都是商業平台的創新——意即，創新的規模可大可小以因應各種不同的價格區間帶。

印度規模最大的電信服務業者「巴帝電信」（Bharti Airtel Limited）就是一個創新商業模式的實例。巴帝和其他的印度公司不一樣，它很清楚自己的強項是精準分辨和定位顧客的需求。不過，巴帝並不是一間十分擅長高科技的公司，這一點非常有別於其他電信業競爭者，正因如此，它將網絡安裝、維護與服務外包給愛立信（Ericsson）、諾基亞（Nokia）和西門子（Siemens）

等公司，另外，把IT系統交由IBM建立和管理，這些辦法是發達國家的電信業者壓根未曾想過的。

巴帝用這套創新的商業模式大幅降低了生產成本，透過將資本支出的固定成本挪用給產能所需的各式開銷。如此一來，巴帝便可以每分鐘0.01到0.005美元的價格，提供行動通訊服務，全世界或許找不到比這更低的價格了。巴帝已經享受到120%年營收成長的甜美果實，而且，在二〇〇三到二〇一〇年，每年的淨利成長率高達282%，就在二〇一一年十月，它的市值穩健攀升，當月即站上三百億美元。[4]

即便第四級思維層次的人不致落入這些思想陷阱，可能也無法真正擁抱逆向創新，因為他們還是會擔心失敗。「要獲利很難，風險太高了，和我們原先擅長的相差太遠了。」當然，不可否認逆向創新也有可能失敗。然而，有些恐懼是被過度放大的，例如以下這三種：

恐懼一：利潤肯定會無可避免地低到根本無利可圖。這個顧慮完全與實際經驗不符。你去想想某些發達國家的知名企業，例如微軟、蘋果和佳能（Canon）等，曾經以極低的銷售訂價贏得豐厚的財富，你絕對不會否認它們獲利滿盈。但同時微軟和蘋果仍然是我們心目中的電腦革命家，而非電腦量產工廠；以佳能來說，它出品的富士全錄（Xerox）可獨立插頁機型，為桌上型影印機增添了一款厲害的戰力。

跨國企業的高層領導人之所以預設新興市場的利潤很低，完全只是因為他們熟習的是全球在地化模式。但逆向創新其實是不一樣的東西，不只產品被重新設計，連供貨和成本結構也重新調整。所以，要以大幅翻新的產品設計，低價謀取和從前一樣、甚至更多的獲利，絕對是有機會的。況且，企業的財務表現看的不

只是銷售利潤，即便毛利率降低，但固定成本相對較低，且產量也有攀升的潛力。因此，逆向創新的獲利率和投資報酬率可望與以往並駕齊驅，甚至表現更優異。

看看印度阿拉汶眼科醫院（Aravind Eye Hospital）的例子，它以極低的價格提供高品質的眼科手術，特別是白內障手術（每隻眼睛的手術費用只要三十元美金，而在發達國家的要價高達一千元美金），已經有超過三百萬的印度人因它而受惠，免於失明。阿拉汶醫院的概念很簡單，就像世界上最好的製造工廠一樣，它將手術流程產線化，讓手術效率和效果達到最佳化。為了大幅提升員工和設備的生產力，阿拉汶醫院嚴謹規畫手術所需的關鍵資源，包括手術室、醫師和護士的班表等，再將手術流程細分為各個階段以及動作，將過程和方法標準化，並做責任區分，而且，它也不忘評估手術結果，努力提升品質。

阿拉汶眼科醫院不只能夠以驚人的超低價格施行手術，甚至有高達六成以上的手術程序不向病人收費，同時毛利仍然能超過35%。它並未接受任何贊助或慈善捐款，靠著自己本身就能創造出足夠的利潤，還能夠每三年蓋一間新的醫院。[5]

恐懼二：如果我們跟低價市場競爭，會威脅到自己的主打商品，或者，主要產品的銷售會被瓜分。這些倒是真實的風險，但是可以控制。許多知名的品牌，例如Honda、寶僑、百事、塔塔、Toyota等，往往都另外建立副品牌，以在不同的價格區間都能有市場位置。由逆向創新形塑而成的產業裡，能在不同的價格區間競爭，是在全球市場有競爭力的先決條件。另一方面，就算銷售業績有被瓜分的風險，但比起什麼都不做就眼睜睜看著新興巨擘前來瓜分掉你的市場，前者的風險總還是小得多。

恐懼三：技術領導是我們企業的強項，所以我們不可能做到

低成本。大錯特錯。微軟、蘋果和佳能都在它們的產業裡開拓出低成本的嶄新時代，同時仍然保持科技先鋒的地位。以奇異醫療集團而言，我們在第二章也提過，二〇一〇年，它們推出Vscan這種手持可攜式的輕便低成本超音波設備，說明了它們的科技領導與成本領導兩者是齊頭並進的。

在Vscan的產品研發過程當中，奇異曾經碰到了釘子，認為根本不可能做到理想中的小型尺寸，由於接收和傳送聲波的聚束形成技術非常複雜，要製造出可放進口袋的高品質顯影儀器，當時似乎無法如願。此時，意料之外的幫手來了：來自奇異內部的新型超音波產品團隊，他們製造的是專供心臟科醫師使用的最昂貴的超音波產品。他們當時為了清楚顯影心臟中血液流動的影像，正試圖提升4D顯影的功能（4D就是三維空間向度加上動態），這或許是獨一無二又最最困難的超音波應用了。這組團隊之前研發出的突破性聚束形成方法，便成為Vscan兼顧尺寸和價格的關鍵。令人訝異的是，用來發展最昂貴儀器的科技，竟扮演了自己企業裡最便宜產品的重要推手。

第五級思維層次：風險不在一地之得失，而在全世界

第五級思維層次的人明白，發達國家的跨國企業要實踐創新必須從零開始，才能跟上新興經濟體快速成長的脈動。舉例而言，印度在不久的將來就會有所行動，把今日的突破性進展導入美國，打造全新的市場，因為他們非常了解怠惰不動的代價將會有多慘痛。

我們在第二章提到弭平各種需求落差的趨勢，一旦這些趨勢啟動，今天的贏家隨時都有可能在轉瞬之間變成明天的輸家。我們還提過，需求落差為開發中國家帶來了創新的機會，而發達國

家終將因為弭平需求落差的趨勢而接受創新所帶來的改變。隨著趨勢的改變，低收入國家有機會超前發達國家，因此，如果跨國企業現在還守株待兔，等著落後國家追上，那麼，到頭來，一個令人跌破眼鏡的結果非常有可能降臨：你必須奔忙著去追趕那些落後國家。

當發達國家的跨國企業對逆向創新視而不見，等於是在壯大新興巨擘的實力——也就是養成那些開發中國家的新一代跨國企業。這些從角落冒出頭的新芽將會親手殺死古老的大樹，這種程度的說法倒也不為過。發達國家的跨國企業必須面對這個難以承受的事實：在海外失敗可能會導致在本國失敗。

西方跨國企業的確有可能被新興巨擘搞得灰頭土臉。舉例而言，一些印度公司包括印孚瑟斯（Infosys）、塔塔顧問服務（Tata Consulting Services）和威普羅等資訊科技服務業者，它們率先開始聘用能幹的印度軟體工程師，讓他們從印度提供遠端服務給已開發國家的客戶，支付給他們的薪資卻遠低於已開發國家的水平。IBM和埃森哲（Accenture）受到這個創新服務模式的挑戰，不得不重新思考自己既有的商業模式。再看巴西航空工業公司（Embraer）飛機設計，其先進程度也不亞於加拿大龐巴迪公司支線飛機的設計。另外，墨西哥的西麥斯集團（Cemex）的創新水泥產業上，使得瑞士的霍爾希姆公司（Holcium）和法國的拉法基集團（Lafarge）都黯然失色。且看如今，中國的華為（Huawei）正挑戰著像西門子、愛立信、阿爾卡特（Alcatel）和思科（Cisco）這些世界級的電信通訊龍頭。再觀印度的馬辛德拉集團，如今它腳踩美國農業機具大老迪爾公司的地盤，手拿創新的低馬力曳引機當武器。而且，這場戰役才剛剛開始。

儘管如此，許多發達國家的跨國企業仍然只視同樣身處發達

國家的企業為競爭對手。它們認為,所謂競爭就是在角逐市占率。這種想法真是太令人惋惜了。要知道新興市場的戰役根本不在於市占率,而是在於如何創造市場。那些你所熟知的競爭者也並非這場戰役的要角,你從未聽聞過的黑馬才是。

由此可知,陳腐心態會引發更多問題。

在接下去的數十年內,發達國家的企業若想繼續維持生機,就必須得做低收入國家的市場領導者。如果當別人正忙著解決低收入國家的需求問題,而你只是作壁上觀,那麼你將會發現自己不只多了新的競爭對手,更是已經落後別人了,甚至可能再也無法追上。

改變想法與心態

說到底,能認清主導邏輯以及它背後的恐懼心態、預設立場和思維陷阱,畢竟是好的開始。

企業高層 CEO 們下一步必須要扳開由過去成功經驗所形成的刻板成見挾制。[6] 然而,扳開成見的同時,企業高層還得努力維持最大的獲利,這才是真正的挑戰。但改變成見的用意並不是要消滅全球在地化,而是要用逆向創新來補強它,因為這兩種模式都有各自的舞台、優點和侷限。

跨國企業已經有實踐全球在地化的能力,而至於如何實踐逆向創新,則還有待學習。想要進行逆向創新的心理建設,CEO們必須從三個步驟下手:首先,將組織重心轉移到新興市場上。第二,增進對新興市場的了解與專業,第二,藉由能見度高且具象徵意義的行動改變組織氛圍。

將組織重心轉移到新興市場上

　　你可以在你的組織裡進行這個試驗。攤開一張世界地圖，在你認為有很大成長機會的國家上貼大張的貼紙，前景黯淡的國家則貼小張的。現在，再拿不同的貼紙，貼在你認為最有影響力的前五十名執行官所在的國家。這些人和大貼紙貼的是同一個地方嗎？多半離得很遠。這些執行長們的貼紙較靠近他們的企業總部，而成長機會的貼紙，反而落在新興市場。

　　以下我們用一些例子來說明組織如何轉移重心，也就是將人才、權力、資金等關注焦點轉移到商機成長的地方：

- **將重要的決策制定者部署在低收入國家。**思科讓首席全球化執行官威藍柯（Wim Elfrink）直屬於最高執行官約翰・錢伯斯（John Chambers）。威藍柯就派駐在印度的班加羅爾（Bangalore），這裡是世界的資訊科技服務中心，威藍柯要在這裡加強關注思科在亞洲和印度的高層執行團隊。而自千禧年代初期至今，已經有兩成的幹部從總部調派到班加羅爾。

- **培育新的資深管理人來負責新興市場，並用獨立的損益表來衡量新興市場的表現。**二〇〇九年十二月，奇異針對印度國內的營運設置了獨立的損益表，希望可以藉此加速印度市場的開拓。奇異還賦予資深副總裁約翰・弗蘭納力（John Flannery）可觀的權力，他所領導的新單位可以運用全球的研發資源。自二〇一一年起，弗蘭納力就直屬於約翰・賴斯（John G. Rice），他是從康乃狄克州的總部派駐到香港的副董事長。奇異在美國以外的營運都由賴斯監管，對於快速成長的市場尤其關照。對於一個過去總是以產品為優先、海外

發展為其次的企業來說，這種組織變革是重大突破。

- 加碼挹注新興市場的研發預算，並著重於解決在地需求。雀巢、寶僑、百事可樂、惠而浦、金百利，以及可口可樂等企業，早就已經逐步增加在印度的研發工作，並將焦點鎖定在對價格反應很敏感的消費者身上。再舉一個類似的例子，二〇一〇年三月，富士全錄在印度的第四大城市金奈建立了已開發國家以外的第一間創新研發中心。對此，這個新單位的領導人薩姆帕斯（Meera Sampath）做出這樣的詮釋：「我們最優先也最重要的目標，是為新興市場量身訂做最適合的產品與服務。這裡是高難度、低成本的市場，如果我們成功地站穩腳跟，它便能夠成為一個擴展全球商機的絕佳平台。」[7]

- 盡量在新興市場進行低成本的試驗。美國的 Best Buy 集團是消費性電子產品的零售商，二〇一〇年三月進行了組織重整，在美洲、歐洲及亞洲設立三個分部，分別由三位資深執行官負責經營，並直屬於執行長布萊恩·唐納（Brian Dunn）。前亞太區總裁唐思杰（Kal Patel）說道：「我們彷彿早期的矽谷，有極大的自由可以建立自己的策略和商業模式，也可以在亞洲市場做實驗以測試想法，一旦成功，規模會很快擴大。」[8]

- 把新興市場當做全球成長與創新的育成中心。把重點擺在成長度量指標，它能用來評斷企業是否有成功掌握新興市場的發展潛力。

增進對新興市場的了解與專業

無論從前的全球在地化曾經多麼成功，發達國家的領導者應該從既有的心態中解放出來，增進對新興市場的認識與了解，並

留意潛在的商機。以下幾個步驟可以幫助你了解新興市場：

- **將新興市場的資深領導人納入董事會和高階管理團隊當中。**
不妨把了解新興市場的人布局在發達國家的領導者身邊，讓
後者耳濡目染地對新興市場產生更多認識。二〇一一年，
IBM將自己在墨西哥的戰略合作夥伴西麥斯集團（Cemex）
的董事長兼執行長勞倫斯・贊布拉諾（Lorenzo Zambrano）
納入IBM董事會。美國按資產計算最大的銀行是美國銀行
（Bank of America），多年來主要經營本土市場，二〇一一年
三月，印度籍的穆克什・阿姆巴尼（Mukesh Ambani）被提
名加入董事會，成為第一位非美國籍的董事會成員。阿姆巴
尼是信實工業集團（Reliance Industries）的執行長，這間印
度企業成長的速度數一數二，單季營業額甚至曾高達四百五
十億盧布。美國銀行發布這項消息時，強調如此安排是為了
大力拉抬自己在新興市場的競爭力。其他印度籍人士擔任跨
國企業執行長的例子還有哈曼國際（Harman International）
的包利華（Dinesh C. Paliwal）、百事可樂的英德拉・努伊
（Indra K. Nooyi）等，他們都對企業既有的文化與心態產生
不小的衝擊。在第九章和第十一章會有更詳盡的描述。
- **將企業幹部指派到開發中國家長期駐任。**海外派駐是認識各
個不同市場的最佳管道，還能藉此得知各國潛在的商機。英
荷混血的聯合利華集團就是如此，它安排有潛力的執行幹部
在不同國家之間輪調，經歷各國截然不同的語言文化和經濟
體洗禮。有潛力的幹部也會在同一個職位（例如廣告、銷售
或品牌行銷等）輪調負責不同的任務，橫跨的事業範疇也大
相逕庭（例如冰淇淋、洗潔劑和茶類商品等）。輪調可以帶

來以下幾種效果：

◆ 深入了解低收入國家顧客所面臨的問題。

◆ 將知識與技能傳授給低收入國家。

◆ 建立強大的社會網絡，讓創新逐漸從新興國家延伸到發達
國家。

◆ 最後，讓新一代企業幹部輪調於不同任務之間，藉由嚴酷
的考驗以培養並展現一些非常重要的領導特質，例如穩健
沉著、多才多藝、創意彈性以及足智多謀等。

● **提供機會讓發達國家的高階主管到低收入國家進行短期的沉
浸式工作。**倫敦的渣打銀行會將總部員工送往亞洲各地，接
受為期兩到三個月的教育訓練。

● **強化發達國家與開發中國家高階主管的人脈連結。**微軟的先
進研究單位——語音技術部門的團隊成員分布於雷德蒙德、
華盛頓和北京，這些科學家互為彼此團隊的一份子，且經常
見面或召開網路會議。

● **在開發中國家召開委員會議、資深主管會議，並進行執行官
的教育計畫。**美國的易安信公司（EMC，見第七章）會舉
行全企業的創新研討會，並每年在各個不同市場舉辦創新競
賽。

藉由能見度高且具象徵意義的行動改變組織氛圍

人們無法相信從他們的領導人身上看不見、聽不到的事情。
企業的執行長必須大力地營造組織氛圍，強調在新興市場獲勝的
重要性，以便真正落實逆向創新。奇異公司董事長兼執行長伊梅
爾特將逆向創新設定為優先發展策略。每年奇異的前六百大執行
官都會在佛州的波卡拉頓進行年度全球領導人會議，研議重要的

策略性任務。在二〇〇八年初的會議裡，伊梅爾特花了一整天的時間專注在一個題目上：奇異公司做為新興市場龍頭的概念重建。關於這項主題的簡報就多達十八個以上。

伊梅爾特很清楚自己想要的優先順序。他尤其讓某位經理留下了深刻的印象，那是一位在中國與印度立功赫赫的部門領導人，他一邊與伊梅爾特開會，似乎仍一邊全神貫注於自己無法掌握美國市場的問題。伊梅爾特是這麼回應他的：「我其實一點也不想聊你的美國市場計畫。你應該要做的，是三年內將印度的生意擴大三倍。你得投注更多資源，並布局更多人力，導入更多產品到印度。如此一來，你將深入市場，而不只是蜻蜓點水。現在我們來想想辦法，看如何做到吧。」[9]

一言以蔽之，以上所提到的步驟能引領你打開眼界，從新的角度看待世界。當然，光是有新的角度是不夠的。在第四章裡，我們會詳述逆向創新的具體執行方法，而既有的全球在地化策略也能因此而更加強化。

重點回顧

一、辨識那些支持全球在地化卻阻撓逆向創新的觀念，並挑戰它。讓你的領導團隊明白，想要成功贏得新興市場，必須從零開始創新。而且，若不創新，風險可能遍及全球，而不只在一地之得失。

二、將人才、權力與資源挪到開發中國家——那裡才是成長所在。

三、全公司上下都要植入逆向創新的心理晶片。藉由全球派駐、短期沉浸式任務、在新興市場舉辦企業活動、約聘創意委員

以及採取能見度高的CEO行動等，把焦點擺在新興市場。

四、將開發中國家的績效計分卡和損益表獨立出來，並將評估指
　　標的重點擺在成長。

第四章

改變管理模式

跨國企業要在新興市場從零開始創新，
必須採取新的管理模式，籌組「在地成長團隊」。

我們在第三章裡談到各種逆向創新的思維層次與心態。一個無庸置疑的關鍵就是，必須要建立逆向創新的心態才能顛覆主導邏輯。然而，就算整個企業都提升到了第五級的思維層次仍然不夠，必須要採取實際的行動才行，而這就是本章探討的重點。

在這一章裡，我們會建議一套具體的專案管理方式。話說在前頭：我們的建議充滿空前的進取心，但可能存在爭議，或讓許多人感到困窘。我們之前提過，要構築逆向創新的定見必須要從執行長層次開始，逐步採取適應性變革，讓觀念滲透到整個組織當中，其用意在於彌補主導邏輯之不足。然而，若用意是在於顛覆主導邏輯，那麼就要啟動具體的逆向創新專案，從專案層次開展，讓專案團隊——也就是公司的縮影——帶來立竿見影的巨大變革，而這正是我們的建議能夠為你帶來的戲劇化變革。在這一章裡，我們也將詳述為什麼一家跨國企業若執著於全球在地化，

逆向創新的幼苗就很難成長茁壯，甚至連萌芽都有困難。就如本書的序文所言，我們會撰寫這本書的起源是在奇異集團的工作經驗，所以本章我們就以奇異做為主要範例，特別拿第二章提過的可攜式超音波儀器來討論。

何以優秀的點子也會胎死腹中

一點都不意外，全球在地化已經將跨國企業的架構定型，組織也已依據這樣的策略來運作。奇異公司就是一個具有說服力的例子。三十年來，奇異的改革方向一直朝著全球在地化的最大效能邁進，權力集中在總部，舉凡研發、生產和行銷等主要事業單位都在總部。而開發中國家的主管則負責銷售總部開發的全球產品。（開發中國家也會提出當地的市場需求——讓總部小幅修改產品。）企業的確有將許多研發中心與生產製造工廠都遷移到開發中國家，如此一來不僅能夠延攬海外人才，更能節省成本。不過這些單位仍直屬於總部，並專注於發達國家的產品開發與製造。

全球在地化的模式非常有效，優點很顯著。但若企業一心一意只執著於這種模式，等於在替逆向創新建造難以跨越的不幸藩籬。

就舉二〇〇四年奇異醫療部門在印度的主管拉賈（V. Raja）為例，拉賈的主要任務是擴大印度的奇異醫療全球產品，然而，就在他調查過奇異的印度顧客之後，便發現當地的需求與奇異的產品之間存在著一條鴻溝。

讓我們以 C-arm 為例來說明。C-arm 是一種專為發達國家設計的手術型 X-光機，它是個附滾輪的 C 型裝配，頂部有顯影元件，適用於手術檯上任何身體部位的檢驗需求。這種小型的基本

手術設備很常見，複雜度並不高，一九六〇年以前就已存在。隨著千禧年的到來，奇異將 C-arm 導入印度市場。毫無意外地，因為價位明顯高於當地競爭者的高品質機器，所以印度各地的醫院、診所根本不領情，它們還是比較喜歡品質普通一點的便宜產品。

針對這個問題，拉賈研擬了一套方案：在印度研發並製造一款更簡單、容易使用且夠便宜的產品，再導入當地市場。拉賈的方案很有生意眼光，但要實現的機率不大。一言以蔽之，必須要跨越主導邏輯才能真正實現創新方案，以下是幾件他當時必須做的事：

- **付出龐大心血做工作範圍之外的計畫**。拉賈堪稱是當時在印度最資深的執行官了，他負責銷售並推廣奇異的全球性商品，每年業績必須成長百分之十五到二十，還得努力降低成本以提升利潤。他並不負責組織管理或研發，但光是銷售工作就已經用掉他全副的時間心力，這都還在他能力範圍內，然而若想再額外進行印度專屬產品的銷售計畫，光是時間安排上就是一個挑戰。不過，一切再難都難不過計畫的下一步：說服組織內部支持他的銷售計畫。
- **喚起組織內部資深高層主管的興趣**。當時的他為了想達到這個目的，必須先吸引美國總部高層的注意，任何位階比他高的主管能注意到都好，並不一定要是他的直屬上司。不過，當時印度只占奇異全球收益的百分之一，所以拉賈大概也只能吸引高層百分之一的目光。
- **能夠在極短時間內說明自己的計畫**。拉賈當時若夠幸運有機會向高層推銷自己的想法，他能夠解釋的時間也非常有限。

在這種情況下，訴諸感性與激情的電梯理論就派上用場了。然而很不巧的是，他當時遇到的總部高管都坐鎮在密爾沃基，並不常親自巡查新興市場，因此對印度班加羅爾的偏鄉醫療狀況都十分陌生，反而對美國知名的教學醫院比較熟。而我們怎能期盼這些人能理解印度偏鄉的醫療需求呢？

- **打破對於「小規模商機」的偏見。** 拉賈一開始估計得比較保守。他預估只需要請兩個全職的工程師負責產品設計，而生產則外包出去。他盤算著在三千到三千五百萬美金的市場中，拿下五到六百萬美金的生意，雖然這數字對奇異來說非常小，但拉賈相信，只要產品正確，那麼印度市場將來必定會有顯著的成長。然而，高階主管們比較習慣花時間在十億美元之多的大型投資上。在全球在地化的脈絡下，設計印度專屬的 C-arm 新式手術儀器顯得只是無厘頭地消耗管理資源與研發成本，而且所有辛勞的回報似乎終將只是滄海一粟。

- **建立更廣泛的支持系統。** 假設當時拉賈能夠充分證明自己的觀點，他就有機會受邀去向各部門說明他的計畫。這類的溝通很難應付。生產單位的主管還算好說服，因為生產陽春化的產品確實比生產標準產品的效率來得好。但行銷主管卻會擔心低價商品可能削弱奇異本身的品牌，或者瓜分既有的全球業績。財務單位則會質疑低價產品是否會拖垮整體利潤。研發單位也會好奇為何要他們分心去做這個，而不替口袋深厚的最頂級客戶做事。

- **調整資本預算系統。** 當時即便拉賈有辦法或多或少獲得高層的支持，正式的資本預算系統會要求他提出已通過市場研究評估的現金流量預算表，以證明資金成本合理且折換成淨現值為正數。（*編按：當一項投資計畫的淨現值為正，代表投資結果*

可增加企業價值。）不消說，當你嘗試用來創造市場的產品根本還不存在，就要你去進行市場研究評估、收集可靠資料幾乎不可能，更不用說計算正確的投資報酬率。

● **在提案通過之後繼續堅持打完漂亮的仗。** 單純的初審過關只是開端，離目標還遠得很。在拉賈證實能有多少回收率之前，隨著一年年過去，將出現其他更能獲利、更快見效的方案與他競奪公司的資源。此外，拉賈不僅要在全球在地化的組織脈絡中催生這項低成本的 C-arm 產品，同時還得維持既有的業績不墜。總而言之，我們只能祝他好運！

全球企業愈強大，反而愈難推動為低收入國家的創新——有這樣的可能嗎？絕對有可能。拉賈面臨的困局不只發生在奇異公司，在所有資歷豐富的全球企業裡都很常見。全球營運的高管會覺得每一個反對像拉賈這類提案的聲音都頗有道理。而拉賈為印度量身訂做的新型手術式 C-arm 一開始碰了釘子之後，他便回過頭來專注在他原本的既有業務上。（然而，奇異公司從那時起，已經為逆向創新做了許多組織架構變革的準備，因此也使得 C-arm 計畫得以開展。本章與下一章都將說明這一點。）

說到底，拉賈的真實故事帶給我們什麼樣的啟示呢？我們發現，既嚴苛又一成不變的全球在地化形成了逆向創新難以跨越的障礙。說得更坦白一點，逆向創新最大的阻礙不是來自於科技、技術或預算，而是來自於經營管理與團隊組織。

跨越障礙的良方

若純粹從高階管理的角度來看其實再簡單明瞭不過，再另外

建立一個特殊的部門單位就可以解決難題了，但這絕對不是為了全球在地化，而是為了逆向創新。

我們將這種特殊的單位稱為在地成長團隊（LGTs, local growth teams），它是小型的跨部門單位，辦公室就設在新興市場，不僅擁有完整的商業營運能力，同時還被充分授權去制定自己的策略，可以自行研發產品和創新服務。身為在地成長團隊，有三個基本原則必須遵守：

一、組織藍圖必須從零規畫起。打造在地成長團隊就好比破除公司既有的主導邏輯，重新創立一家新公司。

二、必須能和全球組織接軌，並援引其資源。

三、各種嘗試必須符合行為準則。

以上我們所提出的建議是否所有人都能認同，這取決於個人觀點，但如果你是被要求推行逆向創新的主管，即便你不至於歡欣鼓舞，也應該會眉開眼笑地說：「太棒了！我的公司不僅培植我，讓我有能力打造心目中理想的團隊，而且願意用全球的資源和產能來支持我，同時對我抱持期待，希望我透過符合行為準則的實驗來迅速學習。」

然而，那些必須繼續經營既有生意的人，對此可就不感到那麼興奮了，他們會認為：「我的公司已經不需要我來負責發展新興市場，並將資本與優秀的人才從我的經營範圍挪走了。不僅如此，現在竟然還期望我將這個渺茫又微不足道的草創計畫放在第一順位。這絕對會讓我分心，卻不一定能開花結果。當然，我依然被要求必須依照每一天、每一星期、每一個月的計畫和預算，照表操課。但是那些在地成長團隊的主管可沒被要求那麼多！他們有的是特權，可以讓他們盡情嘗試！」

以上明來暗往的拉扯仍然是大多數組織的必經過程，儘管在

地成長團隊領導的計畫能夠帶來潛在的爆發性成長。事實上，這些初期反應只是開端，後續，全球組織與在地成長團隊之間還會繼續發生衝突。這是可預期的狀況。

　　但是儘管如此，在地成長團隊仍然必須建立，才能讓逆向創新成功，除此之外別無他法。不要逃避衝突，因為那只會摧毀逆向創新的努力罷了。相反地，你要用平常心面對衝突，並且積極主動地管理、化解它。首先，當你打算著手創新時，就要清楚聲明：逆向創新並不會取代全球在地化，未來仍會持續視全球在地化為主要策略。所以當你打造在地成長團隊的時候，首要原則就是避免影響到既有的產能。在地成長團隊的領導者一般都認為自己必須「對抗體制」，但事實上，他們應該反過來體認到，因為全球在地化一向都為發達國家市場帶來卓越的成長績效，且它仍然是多數跨國企業保持世界競爭力的基石，所以自己與既有全球在地化的領導者並非敵對關係，這個重要概念雖然很違反直覺，但在地成長團隊的領導者卻必須銘記在心。如果全球在地化的模式被摧毀，那麼在地成長團體也無法獨善其身。畢竟，逆向創新所需要的資金，是來自全球在地化所賺得的利潤。

　　如此看來，在地成長團隊顯得比它們真正的樣子還激進。在地成長團隊之所以看起來與常規格格不入，是因為它們的任務特殊，超越了企業現有的格局。企業支持在地成長團隊並不等同於自砸腳跟，因為即便企業同意組成在地成長團隊，仍不可能僅靠它就能拯救現況，它只能被當成補藥，而不是主食，同時，為發達國家進行的創新仍然十分不可或缺。一言以蔽之，逆向創新與全球在地化必須兩者並存。

　　企業絕對有能力同時兼顧這兩種模式。不過，事實上，全球在地化和逆向創新除了平行並存之外，還必須彼此搭配。就舉我

們在第三章談到的奇異醫療集團為例，當時它的創新團隊曾與高階產品的部門合作，運用對方的束行技術成功研發出低成本的可攜式Vscan。

萬丈高樓平地起

基本上，任何一種創新都必須經過評估需求以及發展對策的歷程，逆向創新也不例外。老牌的全球企業一向熟習為發達國家進行創新，然而為新興經濟體謀求解決對策卻是截然不同的另一回事，它所牽涉的複雜程度絕非爾爾。由此可知，要推行逆向創新，思維必須重新出發，從零開始。但是萬丈高樓並不是那麼輕易從平地而起，不可能早上一覺醒來就能自動轉換想法，瞬間做出破舊立新的決定。想要讓思維從零開始，唯一的途徑就是籌組一支全新的團隊，也就是在地成長團隊，尤其必須將了解市場和提出對策的人凝聚在一起，再結合市場觀察和技術能力，讓業務、行銷與研發三方同步接軌。

這類的跨部門合作乍聽之下彷彿既簡單又明確，但一家執著於全球在地化的企業卻會對此感到很陌生，因為它們在新興市場裡的各部門主管並不直屬於當地的總經理，而是直屬於總部的部門主管，這可能導致了解市場的人從未接觸過能夠研發解決方案的人，由此可知，跨部門的合作機會是需要營造的。

要打造一個在地成長團隊，首先就從挑選團隊成員開始。但不要只從那些已經準備好的人（通常是既有的員工）當中挑選。在地成長團隊通常會是前所未見的全新組合，因此需要新的戰力。你必須先決定團隊需要哪些專長背景的人，然後盡可能延攬最優秀的人才——無論從企業內部或外部皆可（或許也可以考慮

併購當地的小公司）。

　　當計畫顯露出成功的跡象，就是在地成長團隊進行擴張的時候，然而要將新的人事布局延伸到企業內部，這過程並不太容易。即便像中國和印度這種人才濟濟的泱泱大國，仍會上演人才爭奪戰，因為跨國企業與當地公司都必須在同一個人力庫裡競奪傑出的科學家、工程師和總經理人選。另外，那些具備在地市場的深度視野，且擁有在西方跨國企業工作經驗的人，也是特別被三顧茅廬的對象。

　　許多企業傾向晉用內部人才並吸納新的創新技能，然而，從外部引進的人才更能夠勝任從零開始的創新，因為他們能讓團隊真正歸零再出發，並帶來嶄新的觀點，協助團隊從主導邏輯的慣性陰影中走出來，否則這些既存的心理預設常會不知不覺影響創新。而且，有頭銜或有技術背景的人，通常都已背負企業賦予的期望、角色和責任等包袱，任何一個成熟的企業都不免如此。更嚴苛一點來說，也可能隱含著階級高低的預設。在一些企業裡，業務經理比較強勢，工程師們相對弱勢；在另一些企業則是相反。在地成長團隊建立時，主導邏輯必須被認識和接受質疑，可以藉由擬定新職稱、新工作權責，並讓團隊成員認真省思他們之間的關係和對彼此的期待等方式來達到。然而，沒有什麼比外部引進的新血更有力，因為外人不會受主導邏輯的束縛，他們是天然的觸媒劑，能夠打破舊習，建立新的工作關係。

　　嚴格說起來，在地成長團隊不能只依賴企業的全球研發資源，必須籌組自己的產品研發小組。全球團隊的組成是用來解決發達國家的創新，他們有為數眾多的超級專家，對於發達國家核心產品的尖端科技十分精通，然而他們當中並沒有太多人了解低收入國家的突破性科技。與已開發國家成熟的汽車製造業相比，

即便開發中國家才正在起步，但也不乏擅長汽車電池的製造專家，他們將電池視為核心技術，而非只是汽車組裝的零件之一而已。

　　奇異的超音波創新事業精準地展示了建立在地成長團隊的基本原則。一九九〇年末，奇異的超音波事業由放射學、心臟病學和產科醫學這三個部門共同運作，且都設在發達國家，直屬於全球超音波事業的主管伊什拉克，這個部門必須負擔損益責任，並將重心擺在高價超音波設備，追求尖端的技術，強調效能、速度和影像品質，創造具有獨一無二特性與功能的產品（如今，3D顯影技術對他們來說有如家常便飯，甚至4D捕捉連續動作影像的功能也易如反掌）。

　　就在伊什拉克準備為中國設計小型超音波儀器的同時，他發覺既有的三個部門都無法負責這檔新事業。因此，他決定不指派給任何部門，而是建立一組在地成長團隊，把管理中心設在中國無錫，且讓團隊自負盈虧。這個獨立團隊的身分特殊，被當作資優生一般栽培，並寄予厚望。同時，它具備完整而自成一格的組織架構，從產品研發、供應鏈、製造、行銷、銷售到服務等面面俱到，形成周全的價值鏈。

　　黛安娜・湯（Diana Tang）被伊什拉克挑選來領導這個在地成長團隊，她在奇異負責亞洲的超音波行銷已有多年的經驗，對於中國政府大力推動的偏鄉醫療算得上瞭若指掌，而且她也已清楚了解為什麼亞洲客戶對奇異精良的產品反應如此冷淡。奇異將在地成長團隊中心設在無錫對黛安娜很有助益，她的團隊不只能夠密切關注當地競爭者的動態，還能四處拜訪各地的診所，更細緻地了解客戶需求與工作流程，也了解哪些是客戶最想要的超音波功能。想像一下，若由遠在千里之外的管理團隊來做這些事，簡直是緣木求魚。

黛安娜的無錫團隊將重心擺在製造低耗能的小型產品，發展那些不被奇異尖端事業關注的產品性能。她盡量不從自己企業內部挑選人才，希望藉此能更深入地認識在地市場，也避免來自高階產品銷售經驗的預設立場或成見。此外，經過黛安娜謹慎的抉擇後，她決定不去挖角世界級競爭者的業務人才（例如飛利浦或西門子），而是去挖角當地競爭者的人才，例如邁瑞（Mindray）這個難纏的中國對手。另外，這組在地團隊不僅延攬了非正統背景出身的外部人才，而且它更選擇與組織傳統有所區隔的操作手法。例如，它把全球客服與備品部門設在當地市場，不依賴總部的支援，還能提供更快速、更低價的服務。

連結全球資源

到這裡，我們已強調過，建立在地成長團隊有其必要，其過程就好比你從頭建立一家新公司。然而事實上，在地成長團隊的體質應該比一間初生之犢的公司還要好，因為只要這個團隊受到充分認可，它就可能獲得企業總部完整的資源與產能挹注。

如果一間企業不努力將在地團隊連結到內部更大更多的資源，想要贏過新興巨擘的機率就會低得多。你可以思考一下，這些勢不可擋的當地競爭者有哪些相對優勢：

- 破釜沉舟的覺悟。如果失敗，就是一敗塗地。新興巨擘沒有餘裕能夠像跨國企業一樣把風險分散到其他市場與國家。
- 對於當地顧客的需求具有敏銳的直覺。
- 表現得比跨國企業的當地子公司還要機敏。跨國企業的子公司通常都背負著遙遠總部所制定的業績包袱。

- 年輕。新興巨擘沒有必須捍衛的傳統或根深蒂固的成見,更沒有需要被平息的內部輿論。
- 所有資源都來自當地,且即時就能取得。
- 多數新興巨擘(例如塔塔、信實、馬辛德拉)都由企業第一代和第二代經營。他們充滿耐心,追求的是長期的投資。
- 他們的在地企業形象令人讚賞。
- 他們與當地的金融機構和政府機關保持密切的互動。
- 擁有遠大的抱負。他們的熱情推動企業對國家經濟發展做出貢獻。

新興巨擘具備以上這些可觀的優勢,然而跨國企業其實也不乏與之抗衡的籌碼,但前提是必須讓總部的龐大資源後盾為在地成長團隊所用,包括技術、全球品牌、市場版圖、客戶關係、經銷通路、供應網絡,以及製造產能等。這些資源都是新興巨擘望塵莫及的。在地成長團隊雖然特立獨行,卻不應該孤軍奮戰,唯有企業總部與之保持健全的合作,才能造就最強而有力的在地成長團隊。

在伊什拉克的促成之下,黛安娜的超音波開發團隊得以援引奇異的龐大資源,包括從研發中心「借調」來三位最優秀也最受尊崇的工程師,他們分別來自以色列、日本和南韓。其中來自以色列的工程師納西·哈爾曼(Nahi Halmann)是一位軟體專家,他擁有生醫工程博士學位,還曾經將昂貴的特製硬體結構轉移成以軟體為中心。這次的團隊幸虧有哈爾曼,才能讓小型超音波的生產成本大幅降低。

這三位客座工程師都曾親自到過中國,尤其在專案起步的階段,他們都曾幫在地團隊進行實用的教育訓練,也能為在地團隊

判斷何時該求助於其它地區的知識或技術，因此，他們也曾多方
促成各地的研發中心與在地團隊建立關係。由於他們的實力與位
階都夠份量，其他研發中心的配合度都很高。這三位工程師參與
了在地成長團隊，就代表著團隊的任務之重大可見一斑。

　　不過，想讓在地成長團隊與其他部門建立良好的夥伴關係，
似乎仍然充滿挑戰。逆向創新與全球在地化的組合很彆扭，就像
水與油無法相融，兩者的接觸勢必發生衝突。全球事業單位的領
導者對在地成長團隊很可能有以下這幾種反應：

- 質疑──把資本、時間和心力等資源挪給一個遠在天邊的計
  畫，這項舉動是否真的夠明智？況且長期的投資是否真能回
  本，也還未定。
- 擔心──提供新資源可能會剝奪既有的資源。
- 保護──全球事業單位為了避免受到潛在風險的拖累，因此
  會著力保護全球品牌或客戶關係等重要資產。
- 要求──要求團隊以量化的方式衡量成效與進展，以證明繼
  續投資的可行性。

　　在地成長團隊和全球事業單位之間的衝突本就無可避免，甚
至還可能變得白熱化，而唯有經驗不足的領導者才會期望雙方能
自行擺平紛爭。這兩種團隊幾乎不可能成為同儕，因為全球事業
單位掌握的資源通常遠勝於在地成長團隊，且把持資源的時間較
長，在企業裡也享有較龐大的政治連結。不僅如此，全球事業單
位為了滿足既有顧客的需求，所請求的資源通常都能在短期內就
獲得回應；而在地成長團隊能擁有的預算不多，領導者的影響力
有限且經驗不足，在企業裡的連結網絡也不強。就算在最好的情
況下，能夠兌現的未來仍遠在天邊。要期待雙方能夠自動自發地

消融彼此的差異,簡直是緣木求魚,那只會加速失敗。唯有出現一個更具對抗性的力量從中介入時,衝突才可能化解,同時還對在地成長團體有利。這就是為什麼在地成長團隊必須直屬於一個非常資深的高管。以奇異為例,當初它的中國團隊在規模還小的時候,就已經直屬於伊什拉克了。

負責監督在地成長團隊的執行官須做到以下幾項任務:

辨認並強化在地成長團隊和全球事業單位之間的有效連結。連結的方式有很多種,包括偶爾的拜訪、互通電話,或者協議短期「借用」專家或關鍵資源等。但即便在地成長團隊的請求再客氣有禮,對方也不可能一直無條件提供協助,當中有些關節還是必須靠資深高管才能疏通。例如中國團隊也曾依靠伊什拉克的幫忙,而得以利用奇異龐大的全球資源。

維護在地成長團隊的資源。在地成長團隊必須要好幾年才能定論成敗。除非高管親自監督,並對長期的資本預算施以影響力,否則團隊可能會淪為企業執行短期優先任務的附庸。若如此,引發的問題可能不只是預算而已。另外,高管還必須有足夠的魄力為重要員工投注的心力定出先後順序。在超音波開發這個例子當中,全球研發中心的工程師可能被要求去支援在地團隊,這表示工程師必須將原本應該投注於下一季新產品上市的時間心力都轉移到這件事情上頭。伊什拉克的魄力十足,他不僅能夠建立在地成長團隊,還能確保它不受干預地自行設定優先目標。而且,要是伊什拉克沒有保護這個團隊,它在中國的工程師就有可能將重心轉移到其他計畫上,將原本優先的擱置一旁,轉而研發給發達國家的新產品。

增加資源,讓全球事業單位同時照顧好兩件事。在地成長團隊尚未成形之前,全球事業單位只有一項任務,那就是維持營

運。團隊建立了以後，全球事業單位就得兼顧兩種任務，除了維持營運，還得支援在地成長團隊。而一旦要求別人做超出資源的事，就會產生衝突，導致在地成長團隊被孤立一旁，自生自滅，這樣的情形時有所聞。因此企業應該讓全球事業單位獲得更多協助，例如添加它們的人力。但唯有在逆向創新還未成熟、在地成長團隊規模尚小的初期階段，這個方法才管用。再次提醒，你必須為計畫找到屬於它的伊什拉克。

改變員工績效考核的標準。要求你的員工在年度績效考核時回答這個問題：「你做了哪些貢獻，來幫助公司的在地成長團隊在新興市場謀求發展？」，並清楚告訴員工，他們的回答是績效考核很大的一個重點。

讓在地成長團隊支付一定的成本，來換取它們從全球組織當中所獲得的資源與協助。企業內部的會計運作可以做到這一點。到底付了多少錢其實並不重要，重要的是這個舉動所象徵的意義：一旦在地成長團隊以金錢換取它們所需要的幫助，才能令人比較願意把它們視為服務對象，而非令人分神的份外事。

協助聘用優秀的「橋樑」。外部引進的人才非常重要，他們能夠促使在地成長團隊從零開始大力推動創新，但內部調派的人才同樣不可或缺，他們能夠協助團隊與企業建立良好的關係。伊什拉克當時從以色列、日本和南韓調兵遣將到中國，組成在地團隊。長期下來，這些來自世界各地的專家會累積各種知識，包括經濟、社會、文化，以及發生在新興市場的街頭實況等。如此一來，對企業來說，他們會逐漸成為重要的無價之寶，對未來逆向創新有所貢獻，並能有效地指導其他的領導團隊。這種共生機制能夠為企業長久以來的文化注入新的活力，增加安全感與自信心，且無論對於概括而論的逆向創新的價值，以及具體而言的在

地成長團隊，企業都能因此而感到躍躍欲試。

　　針對如何與全球組織建立堅實且良善的連結，我們提出的建議都統整在表4-1當中。

表4-1　如何處理在地成長團隊與全球組織之間的緊張關係

> 在地成長團隊與全球組織之間的衝突在所難免，且能夠摧毀逆向創新的努力。不過，你可以──也有必要──替雙方創造健全的夥伴關係，以下的方法可以幫助你做到這一點：
>
> - 強調逆向創新不會取代全球在地化。
> - 透過辨認並強化雙方之間的寶貴連結，幫助在地團隊取得全球組織的資源。
> - 保護在地成長團隊的資源。
> - 在地成長團隊依賴全球組織哪方面的協助，就為全球組織添加哪方面的資源，好讓全球組織可以做好既有的營運，同時支援全球成長團隊，兩者兼顧。
> - 調整員工的績效考核標準，好讓全球組織的主管明白，支持在地成長團隊是很重要的任務。
> - 透過公司內部的會計作業，讓在地成長團隊支付他們從全球組織身上所獲得的援助成本。
> - 協助在地成長團隊聘任優秀的內部橋樑，他們既明白新興市場的需求，同時也理解全球生意的壓力所在。

讓實驗在行為準則內進行

　　任何為逆向創新所作的努力，我們都無法預料其結果。因此，在計畫開始的初期，應該要對未來保留假設空間，加以驗證、將未知轉換成已知，並將經驗發展為可執行的商業模式。在初期階段，這些遠比按照規畫一板一眼地照表操課，還來得重要。通常，在新市場的爭奪戰之中，能夠從經驗中學習、並在最

短時間內靈活應用的企業，才會成為最後的贏家。在初期階段有最厲害的策略，不見得會贏。

　　以下的建議能夠幫助你的在地成長團隊將學習效果最大化。

專注於解開關鍵未知

　　一個成熟的事業體通常會利用數據資料來充實計畫內容。在地成長團隊的主管也應該要盡力蒐集資料，多多益善——然而同時也必須認知到，無論初始研究做得如何詳盡，未知往往比已知更值得重視。換句話說，一開始的營運計畫應該只被當成一個最樂觀的預估，而非塵埃落定的計畫。因此，檢討營運成效時，應該專注於找尋未知的答案，特別是以下這幾項：

- 市場有多大？
- 能夠拓展市場的價格帶在哪裡？
- 顧客是否願意冒險嘗試革命性的新產品？
- 還有哪些競爭者即將進入市場？多快？多猛？
- 我們有能力設計出合適的產品嗎？
- 我們能夠以合宜的成本生產嗎？

　　為了找出最重要的未知答案，你必須付出一些代價，以便加快學習的腳步，所以接下來你必須盡可能以最快又最不耗費資金的方式，驗證你對於未知的假設。請牢記，錯誤的假設將導致錯誤的策略。

　　伊什拉克的中國團隊就是這麼做的。研發可攜式超音波儀器並販售給中國偏鄉，是個充滿不確定性的過程。在地團隊在條件許可的狀況下進行低成本的實驗，這正是十足的「做中學」，實驗哪個假設比較正確，以及如何才能全面打開這個市場的潛能。

對此，伊什拉克有一句警語：「快速學習，壓低成本」。

　　你最好且戰且走，等累積經驗之後再擴大規模，別一開始就繳太多學費。舉例而言，當時在地成長團隊雖然知道中國偏鄉的醫生比都市的醫生對超音波儀器更不熟悉，但究竟有多麼不熟悉、需要多複雜的技術，團隊並不清楚。所以團隊邀請醫生來試用原型機，藉此加以評估。結果團隊發現，使用的便利性遠比他們預期的來得重要許多，特別是一般健康檢查之用。因此，他們著手強化教育訓練、提供網路諮詢、設計簡易鍵盤、內建特定功能的設定，並且追蹤售後滿意度，藉由以上種種方式來追求新產品的成功。

　　隨後，在地成長團隊採取分段上市的策略，以求降低在全中國布局經銷網絡的未知風險。它們在競爭對手邁瑞最弱的地區，優先籌組業務團隊，如此不僅能夠增加成功的機率，還能創造完美的學習曲線（learning curve）。再者，在地成長團隊也可以在逐漸增加投資之前，觀察客戶的購買行為和他們使用產品的模式，一點一滴地蒐集顧客回饋。透過這樣的過程，在地成長團隊也學習到如何聘雇人才、訓練並部署銷售戰力，再迎戰邁瑞這個對手，並在它的地盤上一較高下。

績效評估表必須量身訂做

　　多數企業幾乎是直覺性地用它們所熟習的指標度量來做績效評估，然而，這樣卻無法評估逆向創新的進展。因此，應該要依據個別在地成長團隊的計畫量身訂做評估指標，尤其應該以某些能夠及早衡量策略成敗的先驅指標為主。

　　當時，伊什拉克悉心地根據當地條件，規畫團隊績效評估的相關準則。舉例來說，由於中國公部門的新產品銷售許可申請流

程比起已開發國家來得容易，因此，當時伊什拉克將產品開發周期設定得比較短。而且中國人雖然薪資水平低，但對售後服務的要求卻不馬虎，因此他也同意根據儀器銷售數量而增加較多客服人力，這一點雖然迥異於奇異醫療集團的全球標準，但卻很符合當地的脈絡。

工作計畫需時時調整

多數企業會先一次將整年度的工作計畫全部確定下來。當過去經驗能夠成為未來準則的時候，這麼做並無不妥，但是，想要創新，在地成長團隊卻不能一年才制定一次工作計畫，而是必須時時調整，以便快速學習。在可攜式超音波計畫的早期，伊什拉克時常與中國的在地團隊開會，至少一個月檢討一次工作進度，有時候甚至每周都開會。他相信經常性的檢討能夠加快團隊的學習速度。

讓在地成長團隊的主管擔起學習的責任，而非結果的承擔者

推動逆向創新時，有太多的不確定因素，所以如果硬性規定主管必須讓計畫實現，或用短期的財務指標作為績效評估，皆有失公平與合理性。但這並不代表在地成長團隊可以無條件地過關。其實，在地成長團隊的領導人可以也應該被賦予高度的期望，並且嚴格受到以下幾個最重要的問題審視：主管是否依據行為準則進行實驗？團隊是否盡可能快速的以低成本學習？團隊是否根據所習得的經驗做出合理的決策？最後，團隊在過程中藉由驗證或萃取關鍵假設以建立可執行的策略，其成效如何？這些詰問可以確保團隊持續依據行為準則快速學習。

開拓全世界的商機

　　成功滿足在地顧客要求的團隊固然十分可喜可賀，但旅程尚未結束。下一步，必須將創新擴散到世界其他的市場上。老牌的跨國企業已經在全球占有一席之地，能夠快速進入世界各個角落，抵達新興巨擘的足跡未至之地，而這正是它們之所以比當地競爭者更優勢的地方。為了將此優勢最大化，資深的執行高管必須帶頭進行討論，找到商機。

　　舉例來說，在九〇年代末期，伊什拉克創立了一個平台，命名為「奇異醫療全球超音波產品協會」，組成分子都是箇中高手，包括業界翹楚、市場專家以及精通當今與未來技術的專業人士。伊什拉克藉著這個協會對全球商機進行評估，當時機到來，務必要拉抬小型超音波市場的成長。低收入國家之間的需求或許相差不遠，所以要打入另一個開發中國家的市場，相對而言似乎沒有那麼難。新興市場普遍的基本需求都差不多，例如極低的成本、可攜帶性、使用簡易度、適用於低程度基礎建設的環境等。如此一來，一旦已經做過從零開始的創新，到另一個開發中國家就不用再從頭來過，只要將原有的逆向創新做相對扼要的客製化，就已足夠。

　　而且，光是新興市場的國家就有一百五十個，但其實並不需要每一個國家都設立在地成長團隊，這倒頗值得慶幸。巴西、中國、墨西哥、奈及利亞、俄國、南非、土耳其和越南等十大新興市場的人口占開發中國家的六成，而國內生產總值（GDP）也超過開發中國家的六成。跨國企業可以從過往表現優異的幾個全球分部當中，或者擇其一也行，來進行逆向創新。要打進發達國家的市場，可以瞄準主流市場或邊緣的小眾市場。辨識邊緣市場的

步驟很簡單，從定義上來說，所謂邊緣市場，指的就是在地理區域上雖屬於發達國家，但某些關鍵市場條件與低收入國家有相似之處。即便是發達國家，也有低收入族群，或者與低收入國家有相似產品需求的族群。

辨識逆向創新能夠著力的主流市場新秀，則有一點難度。關鍵同樣在於必須去探問需求落差何在，以及能弭平落差的趨勢何在，這些我們在第二章都已提過。在你研擬策略的同時，除了將注意力放在需求落差及弭平的趨勢之外，也必須留心以下幾個重點：

一、需要多久的時間，逆向創新所需的技術才會進步，讓發達國家的主流客戶注意到我們？另外，這些主流客戶面臨的預算危機是否夠嚴重到讓他們對極低成本的產品更有興趣？

二、我們基礎建設的創新正在許多新興市場裡獲得成功。在某種程度上，這些創新也能夠引起發達國家顧客的興趣。發達國家的基礎建設何時會需要汰舊換新？

三、什麼時候發達國家的顧客遇到環境永續性的壓力會像開發中國家的顧客所面臨到的那般沉重？

四、還要多久，發達國家的法令規章體制才能追得上已經在低收入國家大有斬獲的創新呢？

五、發達國家的顧客是否正嘗試接觸開發中國家的品味與偏好，或已經接受了呢？

要將創新普及化有一定的困難度，因為在地成長團隊並不熟悉如此全新的需求。在創新的階段，在地成長團隊一開始是需要仰賴全球各地給予支援沒錯，但一旦在當地市場獲得成功之後，它們會漸漸習慣獨立作業，也就不再需要各地的支援了。團隊想要將創新推廣到世界各地，就必須從以往受人幫助的角色，搖身

變成幫助他人的角色。團隊不僅要去接受自己這樣的角色轉變，也需要去學習如何扮演支持者的角色。將創新拓展到全球這項功課須由企業領導者來指派，將這項任務賦予在地成長團隊，要求團隊負責。而資深的執行高階主管則需要密切關注團隊角色轉換的過程。

在地成長團隊要做角色轉換，優秀的中介者又再一次地成為不可或缺的重要人才，他們不僅了解當地和全球的市場、文化以及商業模式，還能夠指引那些對創新內情不熟的人，例如企業的股東。一個成功的在地成長團隊一旦時機成熟，且獲得適當的資源，就會跳脫在地事業體的層級，晉升成為該產業領域內的全球事業中心。奇異公司在中國的超音波團隊正如所言，已經成為了小型超音波儀器的全球開發大本營。

減輕市場被瓜分的恐懼感

許多企業案例都顯示，將逆向創新帶回本國，等於是為市場被瓜分的恐懼火上添油。人們會質問：為什麼要銷售低價產品，取代高價品？

我們可以理解這番質問背後的恐懼心理，但若被它牽著鼻子走，那就危險了。畢竟，如果你不自己撰寫市場被瓜分的腳本，那麼別的競爭者就將為你效勞。另一方面，如果你是進入市場的第一人，那麼至少在下一個類似的競爭者進入市場前，市場瓜分比例的掌控權，就在你手上。

在杰克威爾許（Jack Welch）領導下，導入低價可攜式的超音波設備，本身就是一種自我瓜分。當初這些低價診斷設備的性能就已經很可能會進步到足以威脅自家的高價設備，例如 CAT

掃描器或MRI斷層掃描儀器等。甚至早在八○年代，奇異就預測到市場將促使自己進行自我瓜分。

再者，若是這個產品具有瓜分市場的潛力，也經常能帶來好處，沖銷原有市場被瓜分的損失。這個好處就是：創造了新的消費者。低價產品挖掘出一群以前從未購買過高檔產品的人（以可攜式超音波為例，它創造了一群大醫院以外的新顧客，包括小鎮診所與獨立執業的醫生們。）同時，逆向創新還能夠瞄準那些過去從未被關注過的邊緣市場。（例如，救護車的市場現在也有可攜式超音波儀器的進駐，急救人員在意外事故現場也能夠操作。）

最後要強調的是，全然的瓜分原有市場幾乎是不可能會發生的事情，因為逆向創新多半沒有辦法完全複製既有產品的性能與特色，所以一般而言，新舊產品是可以共存的。雖然可攜式超音波儀器的性能有不小的進展，也無法取代傳統設備，即便是最頂級的可攜式設備，也沒有辦法比得上既有產品的顯影品質以及功能數量。

增加新優勢

我們在這一章裡所提出關於如何建立一個在地成長團隊的建言，其實頗有難度。（關鍵步驟歸納在表4-2當中。）不過，逆向創新本身的難度就是這樣，它與全球在地化有著天壤之別。逆向創新談的不是如何精進既有的商業模式，而是如何創造新的商業模式；不是如何贏得市場佔有率，而是如何創造新的市場。

表4-2 在地成長團隊與傳統全球公司的邏輯差異

全球在地化的組織架構	在地成長團隊
• 讓新興市場的各部門主管直屬於全球總部。	• 建立一個微型創業小組,讓各部門主管密切合作,特別要讓市場專家與技術專家合作。
• 賦權(empower)給組織內部具有豐富洞見的資深員工。	• 賦權給具有符合新興市場特殊需求的新技術和專業的外聘員工。
• 尊重淵源悠久的組織傳統規範,例如組織用人、分工以及階層的形成方式等。	• 摒棄行之已久的組織成規。依據需求打造在地成長團隊,以執行眼下的任務,儘管這就像從頭建立一家新公司一樣難。
• 結果的產出需符合進度、預算和規格。	• 專注於解開未知、快速學習,以及建立成功的商業模式。
• 聚焦於簡明易懂、長期可用的員工績效評估指標。	• 量身設計的績效計分卡(scorecard)必須能夠凸顯計畫把未知變已知的成效。
• 依據年度規畫執行計畫。	• 容許頻繁的改變,每當出現可能幫助解開未知的新訊息,就評估調整計畫內容。
• 讓計畫主管把成果擺在第一位,並負起絕大部分的成敗責任。	• 讓計畫主管把學習擺在第一位,負責透過依據行為準則的營運來獲取經驗。

　　全球企業想要從這既陌生又嚴酷的考驗當中勝出,就必須徹底跳脫行之已久的組織陳規。既然要讓組織產生非連續式的變革,就需要採用非連續式的策略,這的確使得全球企業必須具備超凡的智慧才能實行逆向創新,因為當中牽涉到的組織管理謀略對全球公司而言可能是前所未見的高難度。

　　然而,有如我們先前所言,逆向創新必須在執行面上擺脫舊有的規則,但並非通盤顛覆,因為這麼做的目的並非想要瓦解全球在地化,而是去強化逆向創新當中所包含的全新能量。

　　即便對於企業而言,這些考驗很嚴峻,但都是能夠應付的。

一旦挑戰成功，就會帶來雙贏的局面——跨國企業和低收入國家都能同時受益。這時代最重要的經濟發展考驗的出現，讓全球企業巨大的能力得以派上用場。時間將會逐漸為跨國企業和低收入國家帶來不同的局面。大企業將會更加磨練出駕馭新興市場的嶄新能力，所服務的客群也將有機會獲得更優質的產品與服務，其價值更將如實地映照出人們的生活方式。

　　本書的第二部分總共有八個不同的企業案例，分別述說各企業是如何鍛鍊逆向創新的肌耐力。這趟旅程充滿驚險，但最後令人振奮的報酬也終將歸你所有。

重點回顧

一、將逆向創新的任務交付給在地成長團隊，並賦予完整的營運能力。團隊應該要像個新創立的公司那樣運作：
　　◆ 從零開始評估市場需求
　　◆ 從零開始研發解決方法
　　◆ 從零開始進行組織設計
二、透過妥善安排的合作夥伴機制，讓在地成長團隊得以援引公司的全球資源。
三、讓逆向創新從一開始就在符合行為準則的軌道上嘗試，同時專注於以低成本的方式，快速解開關鍵的未知領域。

逆向創新戰術指南

我們總結了本書第一部分所提過最重要的建議，濃縮成以下的隨身法寶。而在本書的第二部分，我們會呈現八個案例，讓你看到這些已經實行的戰術。

策略

一、想要掌握新興市場的成長脈動，你必須創新，而不是單純的出口。

二、將新興市場的創新機會挹注到其他市場上，例如其他低收入國家、發達國家的邊緣市場，最後甚至到發達國家的主流市場。

三、持續關注所謂的新興巨擘。這些企業的總部位在開發中國家，規模雖小，但成長快速，並且懷抱征服全球市場的野心，有一天它們的存在將會對你造成威脅。

全球組織

四、將人才、權力和資金轉移到市場成長之處——開發中國家。

五、在整個企業裡建立逆向創新的心態。藉由派遣任務、滲透式經驗、創新的董事會任命人選、能見度高的執行長行動,以及在新興市場推行企業活動等方式,對新興市場加以特別關注。

六、為開發中國家另創績效檢核分析表,讓它們全然負起自己的財務損益之責,並強調績效度量指標中的成長部分。

專案組織

七、將逆向創新的任務交付給在地成長團隊,並賦予完整的營運能力。團隊應該要像個新創立的公司那樣運作:

◆ 從零開始評估市場需求
◆ 從零開始研發解決方法
◆ 從零開始進行組織設計

八、透過妥善安排的合作夥伴機制,讓在地成長團隊得以援引公司的全球資源。

九、讓逆向創新從一開始就在符合行為準則的軌道上進行實驗,同時專注於以低成本的方式,快速拆解關鍵的未知領域。

第二部

逆向創新
進行式

第五章

羅技的悍「鼠」發威

一旦輕敵，你將付出慘痛的代價。

隱身的競爭者陣容要有多大才會令你的策略全軍覆沒？答案是，一個甚至比老鼠還小的競爭者就夠了。

接下來我們要帶你看羅技的故事。在這個帶有警示意味的故事中，我們將了解到羅技這個電腦鍵盤和滑鼠等輸入設備的製造龍頭，是如何利用逆向創新為企業逢凶化吉，避免潛藏的危機；同時，我們還強調，任何一個跨國企業都必須密切關注新興市場當地的競爭者，這是一件極其重要的事。如果你現在還沒有開始，請馬上行動。

羅技的總部位於加州，成立已有三十年以上的歷史，從一九九三年開始，它首度在上海合資製造，開拓中國的市場。當時羅技相信它的中國策略會成功，它用的是再經典不過的全球在地化策略，也就是將創新視為由上往下的順流，並相信西方商品最終也應能為新興市場所接受，再周到一點也不過做些小幅度的產品修改。若從羅技的角度來看世界，全世界的科技產品使用者的確有逐漸同化的趨向，網路世界的資訊遍布流通，刺激著全世界消

111

費者的胃口，使得大家都渴求日新月異的科技產品。雖然中國的電腦使用者有自己的一套行為模式與偏好，但終將趨向與美國使用者大同小異，只是時間早晚和耐心的問題罷了。

在中國，羅技一直不斷提高無線滑鼠的售價，因為羅技相信自家的頂級商品以同樣頂級的價格也能賣得動。它從五十美元起跳，最貴的品項售價高達149美元，當然這也是最頂級的一種滑鼠，不需放在桌上，也可以滑動自如、凌空操作！雖然羅技在中國的推廣成績只能算是普通，但它仍十分安逸地等待中國市場追趕上發達國家的腳步。然而，羅技卻不明白，在它守株待兔的同時，商機早已經從身邊溜走了，而這一點我們已在本書第三章裡提過。策略性的耐心指的是能夠從一而終地貫徹商業策略，不至朝令夕改，通常這會被標榜為人人稱羨的能耐，但若誤以為低收入市場將變得和如今的發達國家市場一模一樣，那麼這個推廣策略會導致良機盡失，甚至會對母國的市場帶來更大的風險。

在二○○八年末，一家名為雷柏的中國公司推出了一款售價只要十五美元的無線滑鼠，這極低的價格讓中國的消費者愛不釋手。同時中國消費者最在意的功能方面，雷柏這款能夠提供的功能，與五十美元的羅技滑鼠不相上下。誰是雷柏？到底是何方神聖？雷柏就好比傳說故事裡的小兵大衛（David），憑藉一股信念與勇氣，擊倒身經百戰的葛利亞巨人（Goliath）──也就是羅技。手無寸鐵的大衛僅僅靠著手中的一顆彈弓，射出小石子擊中巨人的眉心，頃刻之間巨人便轟然倒地。雷柏的滑鼠正如這顆小石子，不偏不倚地命中巨人羅技的策略核心。

事實上，雷柏在之前已經累積了近十年的努力。它原本隸屬於鼠標公司（MLK），生產自有品牌與專利商標的滑鼠和鍵盤，銷售到各電腦製造商與大宗電子批發商。直到二○○八年，雷柏

才掛上自己的名字正式角逐市場。當時雷柏以黑馬之姿出現在市場上，挾以扭轉遊戲規則之勢，不過一些經驗豐富的成功企業早已對那些小規模的異軍突起習以為常，覺得它們多半來得快，去得也快。羅技的資深副總裁羅瑞‧杜立（Rory Dooley）是一手拉拔滑鼠與鍵盤事業的人，他當時認為雷柏必定一開始推廣就出師不利，還曾經好整以暇地說：「這類事情我們看多了，熱潮總會消失。」[1] 然而，單就市場的資料顯示，中國消費者根本是爭先恐後地搶購雷柏的新滑鼠，唯恐太慢就搶不到。後來根據杜立的說法，雷柏滑鼠在上市之初只受到市場上「微不足道的否定」。

　　杜立說，雷柏已經找到產品功能與售價之間最適切的組合。而且，雷柏的崛起已經開始侵蝕羅技的獲利空間。羅技密切關注微軟的技術和市場活動，因為微軟也同樣身為滑鼠市場的大玩家，但卻對雷柏絲毫不留心。這個案例告訴我們，跨國企業通常給予那些目標顯眼的競爭對手過份地關注。

　　說時遲，那時快，杜立的團隊藉由市場分析才猛然驚覺，雷柏帶來的威脅已然成型，而且揮之不去。

小鼠也能立大功

　　對於西方國家普遍要求不高的電腦使用者來說，滑鼠就是滑鼠，是電腦的一部分，唯有當它故障的時候，才會意識到它的存在。對於桌上型電腦的使用者而言，一個低階的有線滑鼠就能讓他們用得又久又順手。他們用的是滑鼠界的 Honda Civic，十分耐用可靠，但絕對稱不上光鮮亮麗。

　　然而，有線滑鼠始終是日落西山的品種，對不少使用者而言，他們需要用滑鼠來玩電動遊戲、畫設計稿與研發草圖，以及

大量操作圖表等，因此這些使用者需要的是滑鼠界的BMW ——
無線滑鼠；而Honda Civic等級的有線滑鼠已使不上力。何以無
線滑鼠可成為箇中極品，達到極致工藝的境界，如果你還摸不著
頭緒，請見以下原因分析：

- **使用範圍**。可以在距離很遠的地方使用，最遠可超過九十公
  尺。
- **速度**。無線滑鼠的反應靈敏迅速，從滑鼠動作到螢幕上的反
  應之間，幾乎感覺不到任何秒差。
- **訊號防禦力**。較低階的無線滑鼠很難不受周遭同類產品影
  響，一旦周圍有其他無線滑鼠或無線裝置，它的效能很可能
  被干擾。
- **適用材質**。它幾乎可以使用於任何表面材質，杜立認為滑鼠
  很難在玻璃上面使用，而羅技卻有辦法推出玻璃適用的滑
  鼠。
- **使用設定彈性**。它可以依據使用者的不同需求來調整設定，
  包括定義對動作的靈敏度，和雙重點擊的最大動作秒差等其
  他更多的個人化設定。
- **方便性**。隨插即用，輕鬆上手。
- **人體工學設計**。它減輕對使用者造成的重複性壓力傷害。

羅技的生產線：好、更好，以及最好

無線滑鼠的核心技術就是它的無線晶片。二〇〇八年被廣泛
應用的晶片技術共有三種，依據產品效能排序分別是27兆赫
（MHz）、2.4千兆赫（GHz）和藍芽晶片。無線晶片的選擇充分

主宰了滑鼠的效能，尤其在使用範圍、速度和阻絕力等三方面，同時也左右著滑鼠的價格。

羅技自己的生產線可分為三大範疇：好（低價、低性能、使用27兆赫的晶片）、更好（中等價位、一般性能、使用2.4千兆赫的晶片），以及最好（高價、優異性能、使用藍芽晶片）。這三種範疇的產品可感應的距離分別為一到五英呎、六到三十英呎，以及三十一到三百英呎；價格各自落在三十美元、五十美元以及最高到一百五十美元。然而羅技的顧客從好的晶片開始，進階到使用更好的、甚至最好的晶片，所擁有的好處並非僅止於感應距離、感應速度以及訊號防禦力而已，除了既有的性能之外，還擁有其他更優異的特色，包括適用表面、使用彈性，以及人體工學設計等。這一大串的附加效能似乎在發達國家很受歡迎。

為何中國需要更強大的滑鼠

然而羅技的策略在中國卻不管用，這是為什麼呢？因為中國的顧客是不一樣的。

首先，中國城市的人口密度極高，甚至連隔壁棟公寓的滑鼠都會造成訊號干擾，對方並非故意但仍會與你的滑鼠訊號重疊，使感應速度降低或導致全面癱瘓。因此，在中國城市，滑鼠的良好訊號防禦力不是錦上添花的選項，而是基本必備的條件。中國市場的另一項獨特之處在於，消費者比較愛看免費的網路影片，而較不接受第四台。一部分原因是中國的衛星與電纜線建設程度遠不及美國。再者，要美國消費者月付五十元美金來租用有線電視頻道毫無難度，但中國消費者卻會因此躊躇不前。「中國的許多創新動機都是由經濟條件所驅動。」杜立道。中國的使用者會

從網路下載電影和電視節目，再將筆電連接到電視螢幕進行觀賞。因此他們需求的滑鼠必須適應足夠的感應距離，好讓他們坐在沙發上看電視的時候可以把它當成遙控器。

羅技的世界觀是建立在西方的基礎之上。因此，很容易忽略與自己相去甚遠的消費者需求。美國的消費者不太覺得他們的滑鼠有任何干擾的問題，因為大多數的美國人居住在地坪寬闊的獨立式房屋裡，與鄰居之間還隔著庭院（而中國的人口密度比美國高出四倍以上）。更甚者，美國幾乎家家戶戶都有第四台或衛星電視，只有非常少數的人不得不看網路電視，所以大多數人不需要把電腦連上電視，也不需要滑鼠有雙倍的感應距離好當作搖控器使用。

正當羅技暫時卡關的時候，雷柏卻見到了曙光，看見有機可趁的市場——那是羅技用它那「好、更好、最好」的產品邏輯無法觸及的一塊市場處女地。雖然中國消費者巴不得產品價格愈低愈好，也願意犧牲某些產品性能，但他們無法妥協的是「更好」等級的無線晶片，能夠提供足夠的感應距離和訊號防禦力。而雷柏針對這樣的需求，提供了2.4千兆赫的晶片性能，但只需要27兆赫等級的價格（見圖5-1）。

於此同時，羅技卻仍待在全球在地化框架當中畫地自限。依據杜力的說法，羅技當時認為自己還得再多等幾年，直到有一天更多中國人準備接納「更好」的無線滑鼠。實際上，中國消費者早就準備好了，但不是準備好要接受羅技的高價位滑鼠，更何況羅技提供的那些產品功能配套他們根本不在乎。

圖5-1　無線滑鼠市場

雷柏的創新結合了「更好」等級的晶片特色，以及其他一些「夠好」的功能，同時它也發掘出市場上最有效的打點（sweet spot），也就是用對的價格提供對的技術。

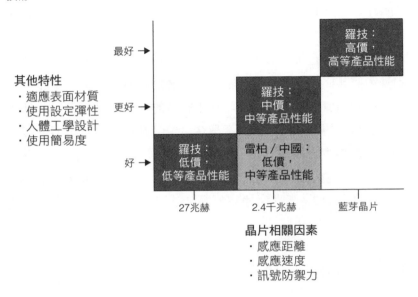

事實會說話

逆向創新的實踐者偶爾必須與組織內部強大的反動力量對抗，有時候愈是投入創新就會愈產生對立。而若是未能準備面對這種內部對抗，那麼前途實在堪慮。

在羅技要進行內部否定與對抗，必須要以事實為依據。「唯有實際的數據資料才能夠排除主觀情緒和成見」，杜立說。承認問題的存在，是亡羊補牢的第一步，而數據資料則是客觀現實的證據，能讓人面對現實，並導向具體的討論。

羅技不乏能獲得各式各樣可靠又獨立的資訊的管道，是阻擋企業頹勢的完美特效藥。所謂的資訊有兩種：一種是產品的銷售與市占率，另外一種是顧客對羅技的產品支持度。從後者的研究調查中發現，顧客無法滿足於羅技的27兆赫滑鼠，而這也使得羅技的策略問題被攤在陽光下。早先，羅技的高層主管直覺地以為中國顧客一定是因為價格問題而不滿意羅技的滑鼠，但研究資料顯示並非如此，其實中國顧客不滿意的是無線滑鼠的性能。

這兩種資訊來源都分別證實了羅技的問題有多嚴重，而且也讓內部對抗的期間得以縮短。早在二〇〇九年初，羅技便依據這個殘酷的事實，研擬出了一套新的策略，打算分階段撤下27兆赫的產品，並以2.4千兆赫的產品取代之。然而，這樣一來就必須大幅度更改2.4千兆赫原有的設計，否則，永遠都不可能在價格上與雷柏一同競爭。

巨人的反撲

精心研擬新策略是一回事，如何讓它奏效又是另一回事。即便企業的決策者們在策略上取得了共識，然而仍有許多慣行的習氣需要突破。杜立指出，「我們必須承認，世界已經改變了，已經有許多產品不再如我們所想的那樣符合市場需求」，這一點，企業無法繼續迴避。

高科技產業對特定的產品技術抱持執迷癡愛是種天生的傾向，但羅技現在總算能夠面對這個令人不痛快的事實了。杜立表示，羅技三種產品等級的每一項技術與效能，公司裡都有擁護者。「我們從以前就已經摸索出一套讓不同擁護者彼此相通的觀點，而且還讓這觀點成為我們的主導邏輯和傳統智慧。」

　　二〇〇九年的三月，羅技委任了一支在地成長團隊，為了從自己的主導邏輯當中破繭而出。團隊成員來自台灣與中國，加碼支援它的還有瑞士團隊，瑞士是羅技諸多無線科技的開發地，也是當初企業核心的建立地基。

　　羅技的大目標是六個月內與雷柏在市場上平起平坐。因此必得在九月之前達成！這個在地成長團隊的領導人是具有電機工程背景的瑞士人奧立佛‧伊格洛夫（Olivier Egloff），杜立形容這位計畫領導人「身手不凡」，當時他已有三年駐任台灣的經驗，有著無可取代的亞洲工作經驗。伊格洛夫知道自己手上這份任務很急迫，他明白自己必須盡快展開行動。

　　在雷柏崛起之前，伊格洛夫一直都認為，要製造2.4千兆赫的滑鼠但用27兆赫的價格去銷售，根本是不可能的任務。如今他必須開始證明自己的這個想法是錯的。

　　在地成長團隊要開始尋找節省成本的方法，起初必須大幅削減半導體的成本，因為這是滑鼠製造的最大成本來源。二〇〇九年，羅技在全世界賣出了一千四百萬個27兆赫的滑鼠，以及一千萬個2.4千兆赫的滑鼠。如此赫赫功績即將告終，因為推行創新就幾乎得將所有生產都集中在2.4千兆赫的滑鼠。這麼一來，羅技就必須將更大量的訂單下給2.4千兆赫晶片的主要供應商──北歐半導體公司（Nordic Semiconductor），雖然它們並不生產27兆赫的滑鼠晶片，但願意以優惠價格提供2.4千兆赫晶片給羅技，支持羅技的新技術轉移。

　　為了節省成本，羅技的團隊改用另一種比較便宜的記憶系統（能夠貯存足夠讓滑鼠做最低限度運作的記憶碼）。雖然羅技早期使用過類似運用在數位相機上的抹除式（可多次使用的）記憶體，但它們這次選擇使用的是較便宜的一次編程記憶體（onetimeprogrammable memory）。同時，團隊改用精簡的系統程式，讓滑鼠軟體所占的記憶體從32KB降至16KB。

羅技的在地成長團隊在產品設計和原物料的雙管齊下，不僅生產出性能與價格都能與雷柏競爭的滑鼠，而且還成功地在九月的期限前達到節省成本的目標。

就在羅技應付雷柏的創新技術研發進展得一帆風順之際，還有其他可預見的挑戰正埋伏著。某種程度而言，公司的每一份子都必須學習面對現實的改變，要做到這一點並非易事。舉例而言，中國地區的銷售戰力必須從一開始就預備好，然而業務員們都已習慣銷售五十美元起跳的滑鼠，如今要它們改賣一個只要十來美元的滑鼠，實在無法一夜之間便將銷售觀念扭轉過來。還有，一些業務員也會考慮到銷售利潤如此單薄，巴不得雷柏這家公司從世界上消失。

杜力說，「如果我是業務員，我也會這麼想。比起賣大量的便宜產品，去賣少量的高單價產品還比較容易達到業績目標。」為此，杜力不僅數度走訪市場，從市占率的數據當中梳理出關鍵頭緒，向業務部門溝通，偶爾會討論得非常激烈。對中國市場而言，合宜的訂價至關重要。羅技可以將滑鼠價格訂高一些，但是若訂價高到為別人的兩倍便無法有競爭力。而且事實擺在眼前，雷柏的訂價是可以獲得顧客青睞的！

經過一番周詳的研究之後，羅技將滑鼠價格訂在19.99美元，雖然與雷柏的訂價差距並不是太大，但已經足以增加獲利，業務團隊也較心甘情願去推廣。二〇一〇年二月，羅技把這款滑鼠引進歐洲市場，同年四月再引進美國，可見這場搶食市場的商戰除了在中國上演之外，還蔓延到世界其他地方。不到一年的時間，這款新型滑鼠就已賣出超過四百五十萬個，這也是羅技第一

次在中國推出新產品就能在一年內打破一千萬美金的銷售紀錄。

敲響新策略的警鐘

　　回顧過往，羅技曾經因為全球在地化的侷限而變得目光短淺，它當時不僅畫分市場區塊，還將全世界的使用者視為同質。起初羅技認為只要耐心等待，中國消費者便會愛上它們的高階產品，還以為眼下的興趣缺缺只是因為中國消費者還沒跟上西方的腳步。然而，耐心當然也可能導致被消費者遺忘。

　　「從經濟能力的觀點來看，中國的每一個人都是初階使用者。」即便杜力這麼說，但這也只是部分的事實。從雷柏的實力中可以看出，中國顧客對電腦周邊產品的需求並不落於發達國家之後，但這兩類消費者的需求實則存在著天壤之別。

　　從某種層面上來說，雷柏有恩於羅技。因為它，才迫使羅技去面對它顧客的不滿，杜力開玩笑地說：「如果雷柏沒有跑來威脅我們，或許我們可以去把它們請來。」根據杜力的說法，自從雷柏的新型滑鼠上市的三年多來，中國市場已經明顯擴大了許多。要是羅技當時未能迅速反應，就會錯失跟上市場成長的機會。很顯然地，這次能夠絕地逢生，是一次令人振奮的在地市場學習經驗。

　　「（雷柏）敲響了一記警鐘，」杜力說，「我們之前有些自傲……如今也都認知到世界正在改變。好比現在我們一邊盯著 iPad 的發明，一邊說『或許 iPad 會取代目前所有的筆記型電腦，對我們的生意造成重大衝擊。』但我們不能只是坐以待斃地想『不可能，我們不願意讓這種事情發生，所以絕對不會有這麼一天來臨。』」羅技如今就非常透徹的明白，雷柏所代表的新興市場能

夠和蘋果一樣為市場帶來巨大的震盪。

超越雷柏，超越中國

　　企業必須堅持站在在地市場的開發前鋒，雷柏的故事大大強調了這一點。這不僅是單純的防禦措施，在地市場是策略眼光的發祥地，效應足以跨越國界並影響全球。實施在地措施能夠帶來全球效應。即便是新興國家的一個小型新興競爭者都能成長到威脅跨國企業的程度，甚至影響到跨國企業的母國市場。

　　羅技在和雷柏較勁的同時，就已經意識到未來的趨勢：會有愈來愈多的發達國家消費者把電腦連接到電視螢幕來看網路影片，像互錄網（Hulu）這類內容聚合器將會跟著迅速的普及化（第四台業者，接招！）。因此，第四台與衛星電視等基礎建設的缺乏，實際上可能是一股推波助瀾的力量，幫助中國站上家庭娛樂潮流的尖端。

　　被雷柏狠劈一記的羅技，如今已重新調整好自己的全球策略。因應雷柏的挑戰而生的新型設計，現在不僅成為許多滑鼠與鍵盤的設計雛型，另外還有一些新的產品範疇，例如音響裝置等等，也邁開腳步向全球市場前進。當初如果杜力和他的同仁們將雷柏這個對手拋到腦後，那可就當真會自取滅亡，等到雷柏旋風席捲全球的那天，羅技也只能望眼欲穿了。

羅技的戰術指南回顧

一、**偵測新興巨擘的雷達要保持開啟（戰術指南三）**。羅技過去
　　很習慣去追蹤他們在發達國家的競爭對手，例如微軟，但卻

未能注意到雷柏這個半路殺出的中國程咬金，導致後來必須奮力掙扎，以恢復自己在中國市場的一席之地。然而，就最後的結果而言，羅技「穩抓了這次危機帶來的轉機」，它們大幅地調查並修正了產品的定位策略，同時間更理解到自己必須時時刻刻開啟市場雷達，所以羅技藉由蒐集許多一手資料來扭轉市場上接踵而來的拒絕與否定。

二、**評估要從零開始（戰術指南七）**。切勿以為新興市場的顧客對產品性能的偏好和發達國家顧客想的一樣。除非你親身探問過他們的想法，否則一切只存在於你的想像。羅技之前曾經把產品的售價訂得太高，結果無法符合中國消費者的基本需求。

問題反思

一、你公司的產品最受發達國家顧客青睞的特點有哪些？對於開發中國家的顧客而言，除了在乎價格之外，他們對於產品特點的優先順位會如何排序？

二、你的公司花費多少精神關注競爭者的動態？尤其是那些設於開發中國家、規模還很小卻成長快速的對手？

三、你能不能預知公司內部會如何反對逆向創新？那些阻力是從哪裡來的呢？另外，阻力產生的原因是什麼呢？要怎麼做才能克服阻力呢？

第六章

寶僑家品的顛覆之舉

在新興市場，贏得陌生客戶需要使出王牌。

在新興市場，有時候全球在地化的觀念常會陷在這樣的思維裡：認為全天下的顧客都一樣！這個觀念就是最常見的絆腳石。不只羅技吃過這樣的虧，其他企業也都吃過。

一九八〇年代，寶僑家品曾經成功地扭轉經營策略，推出「好自在」（Always）衛生棉。這個衛生棉品牌有著革命性的創新與效果，運用新材質使衛生棉變得輕薄而且吸收力大增，兩邊的可黏式蝶翼讓固定性變得更好。「好自在」衛生棉在短時間內席捲整個美國，也橫掃其他開發中國家，獲得廣泛的接受度還有極為可觀的獲利。「好自在」的全球性勝利讓我們相信，無論是在烏茲別克的塔什干、墨西哥的蒂華納，或是美國佛州的塔拉哈西，女人都有生理期。這是一件放諸四海皆同的事情，或許，有許多事情是因地而異的，但是女人的生理構造卻都一樣。所以「好自在」行銷全球，就是運用全球在地化的策略。

這個策略有段時間的確發生效用，但最後還是宣告失敗，首先發難的就是墨西哥。一開始，「好自在」在墨西哥賣得還不

錯，但到了一九九〇年代末期，銷售便一蹶不振。墨西哥的女性不太喜歡用「好自在」，這意味著一定是哪裡出了問題。

阿維諾‧雷斯特雷波（Alvaro Restrepo）是寶僑當時女性健康護理用品部門（他們管這部門叫「fem-care」）的全球研發副總，他認為，成功的經驗會讓大家「以為全世界都喜歡好自在，但事實上，就是有一些時候會讓你碰釘子。然後你才會學習到有某些消費者渴望不同的體驗。」1

當墨西哥讓「好自在」碰了釘子之後，寶僑的領導團隊就開始積極尋找原因。

接下成長的戰帖，為創新另闢蹊徑

在已開發國家的市場裡，寶僑的市占率已趨近飽和，所以它的下一個目標就是新興市場。下這個決策指令的人，是前任執行長雷富禮（A. G. Lafley），而他的接班人麥睿博（Robert McDonald，寶僑總裁兼執行長）則將這個決策發揚光大。

麥睿博在二〇一一年一月的《財富》（Fortune）雜誌訪談文章中表示：「我們的創新策略絕非單純地將一級產品降級再轉賣給低階顧客。企業若無法為每一層級的消費者分別進行創新，那就註定要面臨失敗。」2麥睿博設定了一個延伸目標：為了「讓更多地方的人擁有更好的生活品質」，要在二〇一五年增加八百萬個新顧客。要達成這番雄心壯志，就必須把市場重心從西方國家轉移到東方。單看女性護理用品的人口統計，就知道新興市場的商機頗具吸引力。根據雷斯特雷波的說法，百分之九十正值月經年齡的女性居住在新興市場，「寶僑以往在此地的市占率都不高，而現在市場正向我們招手，呼喚我們前往。」

　　「好自在」在墨西哥的碰釘子經驗，可以說是一個見微知著的警訊──以不祥的預警暗示著隨之而來的棘手難題。那個時期，寶僑在銷售許多其他產品時也面臨了相同的困境：把統一化的產品銷售到全球，忽略新興市場的特殊需求。通常這就是企業反思創新策略的最佳時機，對寶僑而言也是如此。有些企業裡，創新是先致力於研發突破性的獨家專利技術，然後才做產品的應用推廣。另外一類的創新則會在一開始的時候，先釐清顧客需求，然後才回頭尋求技術上的解決辦法。無論如何，要創新，就要在技術與市場兩者之間拉鋸，並且取得平衡。

　　寶僑的實驗室是出了名的多產，它的創新多半是從技術面啟動，然後才是市場行銷，只有讓獨家技術的優勢站穩腳跟，才能建立強而有力的價值主張（value proposition）。在寶僑眼中，逆向創新就是將以上的流程倒過來走。雷斯特雷波的團隊擱置技術問題，先從零開始評估，並嚴格定位價值主張。無庸置疑，雷斯特雷波和他的團隊當時替「好自在」解套的方法，現在儼然成為「非傳統寶僑」的新典範。雷斯特雷波形容這次戲劇性的轉變，是「包裝設計、概念成形、品牌命名──這一切都在我們設計產品之前就準備好。至於原型製作、產品與技術研發則擺到最後才做，這作法完全顛覆了寶僑傳統的模式。我們如此進行研發實在太不尋常了！簡直和我們的習慣完全相反。」

　　即便雷斯特雷波團隊的預算非常有限──為新興市場而做的創新大抵上都是如此──也只得硬著頭皮做，他們別無選擇。他的團隊必須要先徹底弄懂顧客的價值觀，因為他們真的沒有太多資源可以浪費在實驗或者錯誤上。

凡事皆非理所當然

千禧年，雷斯特雷波和他的團隊開始診斷到底哪裡出了問題。首先，他們先試圖釐清客戶對產品到底有多不滿。或許情況沒有想像得那麼糟，可能只是表面上對產品不滿，簡單調整一下現在的「好自在」就可以了。但是初步的調查結果卻顯示，顧客對「好自在」的不滿並非只是表面，而是非常深的不認同。雷斯特雷波說：「反應真的很差，不是普通的差！」事實上，顧客的評價差到讓他們可以設計一個「反好自在牌衛生棉」的地步。

雖然寶僑一向是世界赫赫有名的創新尖兵，但它們都是憑著為已開發國家研製產品而贏得成功。在墨西哥，寶僑理解到，原來開發中國家是多麼不同的新世界。為了謀求成長，寶僑必須清楚定位出這裡的顧客需求，要這麼做，就必須密切觀察當地的現實條件，簡單來說，不能將這裡的任何事情視為理所當然。

雷斯特雷波從一個簡單的假設開始構思：如果全世界的女性生理構造都是相同的，那麼，差異必定來自於各地不同的生活環境。

評估：墨西哥女性的特殊需求

一般而言，評判衛生棉品質的好壞，就在於吸收力和防漏效果（內外衣褲是否都能保持清潔）。雷斯特雷波和他的團隊心知肚明，即將開發的新產品必須在這兩項標準上與競爭者並駕齊驅。然而，他們著重的還有另外一項特殊需求。

雷斯特雷波團隊在當地進行調查，透過這些調查，發現墨西哥女性和其他許多新興市場的女性一樣，因為生活環境的不方

便，對生理用品產生了不同的需求：

- 她們通常必須搭乘公共運輸，忍受長時間的工作通勤。
- 她們能上公共廁所的機會比較少。
- 她們的居所或公寓多半很狹小，無法和已開發國家的女性一樣擁有足夠的隱私空間，多位家人共臥一床的情況普遍。

　　這裡的女性常常很久才能替換新的棉片，特別當天氣潮濕悶熱的時候，長時間使用衛生棉很容易造成私密肌膚的不適，甚至發炎。所以她們比較喜歡含有潤澤配方的衛生棉，以緩解肌膚的不適感。另外，因為長時間使用同一棉片會滋生異味，可能會讓狹小空間的其他家人聞到，這一點讓她們非常「不自在」。

　　此外，研究還顯示，墨西哥女性對感官刺激格外的在意。她們偏好天然萃取物，不喜歡高科技或人工化學成分。寶僑的團隊掌握了這項最後資訊之後，決定著手建立這個前所未見的品牌：「朵朵」（Naturella）。

　　當時的墨西哥市場，寶僑以及他們主要的競爭對手——金百利克拉克（Kimberly-Clark）、愛生雅集團（SCA）等，都尚未注意到這些特殊的消費者需求。而這份市調報告替寶僑點起了一盞通往商機的明燈。

選擇性的遺忘過去

　　在聆聽墨西哥顧客的同時，「朵朵」團隊必須選擇要聽取多少的意見，或者要放多少心力在這些意見上面，這是個困難的抉擇。因為，企業的行動通常都依賴自己對世界的既定認知，不會採取那些超出認知範圍的行動。

我們曾在第三章提到，主導邏輯就像一副老舊的眼鏡，戴上後的人看見的都是根深柢固的誤解和成見，真可謂逆向創新的絆腳石。想要看清楚新興市場，獲得全無偏見的市場評估，並且開啟一切可能性的視野，就必須摘掉舊眼鏡，換上新的，同時還必須選擇性的遺忘過去——這是項稀有的能力，很幸運的，雷斯特雷波和他的團隊正好擁有這項能力，因此他們成功地催生了「朵朵」。

舉例來說，當時團隊正研究著墨西哥碰釘子的原因，他們不斷聽說，消費者不喜歡「好自在」那層表面的「塑膠」，也就是表面梭織層（與肌膚接觸的那一面），但這可是寶僑的核心專利技術，也是他們的衛生棉品牌至今仍保持領先的關鍵。不過，他們當時選擇硬著心腸拋開過去的榮耀，面對群眾抱怨的事實，最後證明，他們這麼做，換來了成功！

「要把表層改成不織布，一直以來都是最忌諱的提案」，雷斯特雷波這麼說。如果朵朵要做不織布表層，代表寶僑得拋棄以往的獨家優勢。然而，在地成長團隊很明白，「好自在」之所以受到墨西哥的冷落，就是因為已開發國家與開發中國家存在著迥然不同的差異，所以，寶僑有必要創造不同於「好自在」的新作法。在新興市場裡，必須懂得放下往日的榮耀，因為那對於現況毫無幫助。

即使如此，企業裡仍有擋不住的反對聲浪，認為拋棄表面梭織層技術是種大不敬。面對這些質疑，企業高管必須給予在地成長團隊具體的支持，核准它們建立「反好自在品牌」，否則團隊會因輿論而潰散，那麼「朵朵」品牌就無法順利誕生，連帶地，也會讓「好自在」繼續吃敗仗。

逆風高飛

雖然「朵朵」團隊很想大展身手，但是企業內部有許多雜音，有些人認為「好自在」從墨西哥收手的時機未到，他們質疑：是不是對「好自在」挹注的資源還不夠多？在雷斯特雷波聽來，這個問題真正的潛台詞是：「我們要丟下『好自在』，變節逃亡了嗎？」

但雷斯特雷波從不認為「朵朵」是用來淘汰「好自在」的。事實上，在墨西哥有一部分的女性擁有和發達國家一樣的生活方式，她們是「好自在」的支持者，只不過墨西哥絕大多數的女人不愛用罷了。而「朵朵」正是用來迎合那些未被滿足的特殊需求：肌膚護理、有效抑制異味、天然成分添加物，以及良好的使用感受等（包括與人體的服貼度）。這塊市場處女地是「朵朵」的著力點，而金字塔頂端的客群則非「朵朵」的目標。

最後，一個無可否認的事實平息了來自企業內部的質疑聲浪。在墨西哥，「好自在」的市場不僅逐漸萎靡，而且正在凋零。有些人直覺地認為另創新品牌會侵蝕掉原本的市場，但實際上，根本沒什麼所謂的「既有市場」值得擔憂。唯一不明的狀況僅在於不確定潛在商機到底會有多大，因此，在地成長團隊的規模並不大，一開始只針對墨西哥市場進行創新，總部給的資源也不多，沒有引起競爭者的注意；「朵朵」的前期投資僅限於可掌控的小範圍內，因為在地團隊必須為這項創新計畫設法贏得更多的資源。

「朵朵」團隊很小，成員來自行銷和研發兩個部門，並直屬於女性護理用品單位。雷斯特雷波強調，「朵朵」的成功來自於「全然的團隊合作」。

借力使力，廢物利用

即將開始研發產品了，不過團隊必須先找出訂價，也就是墨西哥的消費者願意為「朵朵」掏出多少錢。在墨西哥，一般而言，比高階再少百分之十五到二十就是大眾市場的價格帶，因此「朵朵」團隊決定「先依此決定為目標價格，再回過頭來計算目標成本」，接著，團隊便從零開始著手進行產品設計。他們做的，並不是僅僅修改「好自在」的設計，而是回到一張白紙的狀態，重新做起。

想重新來過，事情總得有個頭緒，因此，「朵朵」團隊從寶僑的其他單位借調原物料。比方說，既然已經決定摒棄「好自在」的表面梭織層，他們就從嬰兒照護產品和尿布事業單位借用原料來當表層。至於具有護膚效果的化妝水和乳液等原料，則從美容事業單位借來。洋甘菊通常被用在各種不同的護膚產品中，可以緩解輕微的皮膚問題，例如尿布疹、臉部或眼周搔癢等。團隊選定了一種含有洋甘菊油的軟化配方，可以有效地同時防止搔癢和異味。

寶僑握有多元的資源，讓「朵朵」團隊借用和發揮，包括業務、平面設計，以及廣告通路等。此外，「朵朵」團隊還能利用閒置在加拿大的生產線。「我們並不是要創造全新的技術」，雷斯特雷波說：「我們找到一些淘汰的舊設備，還可以利用。」

守不如攻

我們雖然可以知道過去，但難以預料未來。「朵朵」邁向市場的第一步，就好比撒下機會的種子，必須耐心等待未來的收

割。所以，團隊採取了非寶僑式的作風，不要求產品設計一開始就必須非常完美。相反地，團隊一開始先以低成本的方式將「朵朵」導入市場，測試價值主張的強度和市場的反應，再從中累積經驗。至於產品是否完善、製程是否理想、或供應鏈是否健全，這些一開始都不在考慮的範圍內。

二〇〇二年，上市前的全面檢查終於登場。在此之前，「朵朵」已經從產品原型階段，進展到距離顧客的理想只剩一步之差，同年四月，「朵朵」也在墨西哥城做過市場測試，並獲得非常正面的回應。現在來到抉擇的時刻，是否要將產品正式推廣到全墨西哥。雷斯特雷波說，公司內部仍然存有質疑的聲浪：「這產品是否能贏得久，仍是個問號，畢竟我們任何一種女性護理用品的主要優勢技術，它都沒有採用。」具體來說，大家擔心這種缺乏專利技術的產品很容易就會被對手抄襲。

然而在地成長團隊並不想讓這些聲浪有增長的機會。就在同年八月──測試墨西哥城的短短幾個月之後，團隊獲得許可，得以將未臻完美的產品推廣到全墨西哥。「說實在話，最後推出的產品以我們的標準來看仍屬粗糙，不過已經夠好了。」雷斯特雷波這麼說。

產品一推出，「朵朵」團隊就摘下了勝利之旗。目標客群非常喜愛，讓「朵朵」的市占率急速攀升。「仍有許多地方有待進步，」雷斯特雷波說：「但如果目前這樣是可行的，想想看，若再挹注更多資源進來，後續會有多大的勝利！」

強化營運

在地成長團隊的第一次出擊就獲得了不少掌聲，於是他們轉

而改善品質並且降低成本，希望藉此讓「朵朵」變得更強大。一開始，他們不得不趁勢讓「朵朵」在未臻完備前就上市，然而現在必須開始調整策略，才能使「朵朵」在墨西哥獲得全盤的勝利，在此之後，要推廣到全世界還必須做更多的調整。

舉例來說，其實「朵朵」的生產線根本不應該設在加拿大，因為那裡離末端市場太遠了。所以團隊在墨西哥找到了類似的製造設備，便將生產線往南移動。另外，團隊終究得去面對供應鏈的問題，因為供應商總是被要求快速交貨。以「朵朵」的不織布表面花紋印刷來說，「我們從甲地採購原料，送到乙地印刷，再運到丙地裁切」雷斯特雷波說。為了解決問題，團隊最後總算找到了一家能夠包辦所有加工步驟的廠商。

光靠供應鏈的精簡與整合，就能夠讓營運收益結實纍纍，不過仍舊得更加強產品改良才行。「我們調整了核心吸收層，讓衛生棉更服貼於身體，棉體的使用也能更有效率。」此外，在地成長團隊運用一種更好的表層原料，改良膠面使產品的固定性更好，另外，在研發第二代潤澤配方的同時，還美化設計，並推出超薄衛生棉。雷斯特雷波說，「能這麼做是因為我們可以讓研發人員放手去做，不讓他們顧忌任何原先的設計。」結果證明，改良後的產品不僅更好用，貼身效果更好，而且成本更低。

事情逐漸有了頭緒，這證明了顧客的價值主張絕對可靠。這一點，未曾改變且無庸置疑。

下一波，新招出擊

雖然「好自在」仍然繼續在墨西哥銷售，但是「朵朵」在很短的時間內就超越了它的市占率。這一切寶僑都心知肚明。甚至

之前抱持質疑態度的人也開始接受、讚美「朵朵」這商品。人們都認為，「朵朵」在拉丁美洲的前景燦爛。

　　「朵朵」團隊花了一些時間做了墨西哥以外的開發中國家市場調查，得到了差不多的結論。解決了成本結構的問題之後，「朵朵」在委內瑞拉和智利這兩個國家優先上市，接著推廣到中歐和東歐。「朵朵」團隊不僅成功孕育了成本低廉的產品，概念與主張也十分妥切周詳，更擁有能夠複製到各個市場的產品設計與製程配套。如今，「朵朵」已經推廣到三十多個國家，之前還會擔心競爭者抄襲，如今一點都不用在意了。

　　「我們一邊將產品完美進化的同時，也一邊尋找著我們的獨占位置。」雷斯特雷波這麼說，「跟產品甫上市之際比較起來，『朵朵』現在所擁有的專利非常具有優勢。即便我們持續擴大版圖，競爭者也未能追上。」

　　寶僑也已經將這些年催生「朵朵」的經驗徹底消化吸收，其中最重要的一個概念就是：成功的創新方式不只一種。對寶僑而言，完全走價值導向的逆向路線是不可能的，科技發展仍然是（未來也很可能持續是）主導的驅動力。然而，「朵朵」是專門針對新興市場的一次特例，為企業提供了嶄新的選項。隨著對新興市場成長關注的提升，寶僑也將因為熟習這項新的創新手法而受惠良多。

　　此外，寶僑的成功，還歸因於它的創新團隊可以用截然不同的方式運作。這個團隊並不向外推銷技術，而是把眼光拉回市場。要能夠做到這樣的變革，組織必須全然從零開始規畫。「朵朵」團隊的組織階層和寶僑其他部門的差異很大，主導團隊方向的是市場調查，而非科技。「我認為，逆向而行的策略之所以可行，是因為你處理的是問題重重的市場，而你必須為最難搞的顧

客設計出令人滿意的產品。」雷斯特雷波表示,「在這種情況下,我們就真的必須採取一些不同的作法。」對開闢新市場而言,最大的關鍵在於突破性的顧客觀點,而非突破性的技術。

事實上,本書第二部分的每一個故事都說明:有了顧客觀點,發達國家與低收入國家的需求落差才得以拉近。

循環終結者

接下來是否要將「朵朵」導入已開發國家的市場,寶僑必須做個決定。答案還未出現,即便逆向創新的概念已經繞了一大圈,寶僑最終仍選用了部分「朵朵」所開發的設計材質,包括其他少數的女性護理產品,也使用親膚配方和不織布表層等技術。

「好自在」已經占據了五成五的美國市場,以及多達七成的英國市場。對此,雷斯特雷波認為:「『朵朵』要搶攻『好自在』市占率較低一些的地方或者尚未被開發的處女地都相當容易。」「朵朵」不僅明白這個狀況,同時也清楚一個事實,那就是雷斯特雷波所謂的「需求占有率」(share of requirement)。

研究顯示,女性並不會對同一個品牌或類型的生理用品百分之百忠誠。一般而言,女性對生理用品的需求隨著經期的階段而會有不同的改變,「也會有不需要防護效果那麼好的時候。事實上,舒適度或親膚性遠比防護效果重要得多。」這表示在同一類產品中,或許寶僑可以藉由「好自在」和「朵朵」的雙重力量達到最極致的需求占有率。如此看來,寶僑的優勢很明顯的就是源於這兩個品牌本身的極端差異。

且不論「朵朵」最後在已開發國家是成是敗,雷斯特雷波都相信「朵朵」已經有超水準的表現了。在他眼裡,「朵朵」對寶

僑最大的價值就在於它成為了一個新的創新典範，可以滿足日趨
重要的顧客群：「我必須承認之前曾經困頓於如何建立一套新興
市場的機制……而『朵朵』的成功經驗為我們帶來勇氣，讓我們
破繭而出。」

寶僑的戰術指南回顧

一、**需求評估和解決方案都要從零開始（戰術指南七）**。寶僑的
　　女性生理用品「好自在」已是滿載成功的品牌，但墨西哥女
　　性卻不吃這一套，這讓企業內部震驚不小。追查原因的過程
　　當中，墨西哥的在地成長團隊開始質疑那些根深柢固的預
　　設，最終創造出一個新產品，也就是「朵朵」，此外，團隊
　　還建立了一套產品開發的新方法，並且將顧客價值擺在技術
　　之前，這與向來技術第一的寶僑傳統有很大的分歧。
二、**讓在地成長團隊獲取企業的全球資源（戰術指南八）**。「朵
　　朵」團隊會從別的部門借調原物料，甚至還在加拿大發現可
　　用的閒置設備，可見非常倚重公司的全球資產。

問題反思

一、你會如何描述你公司的創新流程？這套方法也能在新興市場
　　裡奏效嗎？如果無法，那麼該如何調整？
二、你的公司花了多少資源在調查新興市場與發達國家的顧客需
　　求差異？
三、你的公司能否進行一項快速又不貴的實驗，測試新興市場的
　　特殊價值主張？

第七章

EMC的育苗計畫

從養地培土開始，讓逆向創新長成大樹。

EMC是數據儲存與資料管理的軟硬體服務供應龍頭，它的工程師史提夫‧陶德（Steve Todd）堪稱高科技界的第一把交椅，他的才華出眾，負責扶植世界各地如雨後春筍般的創新團隊成長茁壯。舉凡中國、印度、俄國、愛爾蘭、以色列、巴西、埃及和世界其他國家的團隊，都曾受到陶德的幫助。

陶德所從事的創新，與全球在地化有很大的不同。EMC並不把這些創新團隊當作低成本勞動力，用來製造總部所研發的產品，只為了滿足發達國家的需求。相反的，這些團隊都是創新的開端，它們不僅著眼於在地顧客的需求，同時還扮演著逆向創新的先鋒隊。在陶德的培育之下，創新團隊都能造就輝煌的成績，所以，我們稱陶德是高科技界的第一把交椅。

在EMC的消費者市場裡，創新扮演著既特殊又重要的角色。比方說，幾乎每個現代人的電腦硬碟裡，都不免充斥著各種排山倒海的文件、資料、照片、音樂和影片檔案，非常雜亂無章。為了替日益嚴重的混亂找到秩序，兩位來自北京的研發人員

陳繼東和郭杭，致力於研發強大的全新資料搜尋技術，當然，這項技術也將會先在中國搶先上市。

在這一章裡，我們將研究EMC的案例，它所標誌出的行動與方針，對逆向創新的前端流程特別有幫助，同時，我們也在這一章裡強調，你將來想怎麼收穫，現在就要怎麼栽。

跳脫數位檔案資料夾的格局

EMC在一九七九年由理查‧伊甘（Richard Egan）和羅傑‧馬里諾（Roger Marino）共同創辦，總部位在美國麻州的霍普京頓（Hopkinton），一開始EMC是一間辦公家具的經銷商。不過，它們很快就找到比銷售實體檔案櫃更棒的出路，那就是檔案櫃的電子版——電腦資料儲存系統。

這是個明智的抉擇。隨著資訊科技從中央處理器邁向現代網路，跟著水漲船高的，便是資料儲存的需求。龐大的資料庫在每一家企業中茁壯，在很短的時間內，企業所有賴以維生的資料都走向數位化，包括客戶紀錄、掃描檔、信用卡交易明細、業務與採購管理系統等，一切的一切。

然而，硬碟空間只能滿足最底限的需求。身為一間資訊管理公司，EMC所能做到的不只是數位檔案的資料夾而已，同時它還努力地試圖解決一些因資訊而衍生的問題，例如，要怎麼做才能更方便地搜尋檔案，以及如何正確又有效率地擷取資訊。也就是說，EMC為消費者點亮了一盞寶貴的燈塔，把他們從茫茫無涯的雜訊之海裡頭拯救出來。

今天，即便是個人或小型企業，也會累積非常龐大的數位資料量。家庭用戶對儲存容量的需求，已經從MB快速成長到

GB，甚至TB。大部分的容量需求來自於音樂檔、照片檔和影像檔等這些非常占容量的格式。而EMC在這當中看到了絕佳的商機。

利用回聲定位法搜尋個人資料

結果顯示，中國很適合作為探索市場的實驗室。中國消費者的硬碟裡都存滿了林林總總的資料，數量十分驚人，而且檔案類型除了照片電子檔、文件檔和各種娛樂檔之外，甚至還有其他更多，絕大多數是因為中國沒有普遍的有線電視基礎建設，所以人們的消遣娛樂就是經常看網路下載的電影。我們曾在第五章的羅技案例裡提到，中國的確在數位內容的革命性消費潮流裡進度超前，而因為美國的媒體基礎建設從上一世代起就很完善，導致美國如今反而跟不上新世代的內容獲取方式。

中國消費者之所以塞滿自己的硬碟，還有另外一個原因，那就是因為中國人對隱私極其注重。相對來說，美國和其他西方國家的使用者還比較願意分享資料。許多美國人會隨興地在臉書上分享個人資訊、上傳照片到Flickr，或將個人履歷放上LinkedIn。另外，無論是無聊或精采的內容，他們都會使用Twitter做為個人意識流的網路呈現。這些個人資訊都可透過開放網路搜尋得到。在中國文化的影響之下，使用者不太願意將個人資料分享到公開平台上。（中國嚴格的隱私權法律讓使用者變得更加緘默。）

但是，二〇一一年，中國已經有超過八億個可移動式設備，以及一億兩千五百萬台電腦，要怎麼做才可以讓個人資料免於爆炸式激增？個人使用者很難去處理這些爆炸式激增的資料量。典型中國使用者的硬碟就好像一間雜亂無章的辦公室，光是找一個

檔案就會迷失在混沌當中，那麼，面對著一大片嚇人的資料之海的時候，就更是束手無策了。

很不幸地，傳統的資料搜尋方法早已派不上用場。因為，單一使用者的使用環境沒有群體智慧（wise crowd）的機制，所以從家裡電腦硬碟找資料反而比網路大海撈針還要困難，這實在令人訝異。而例如 Google 等搜尋引擎則是數百到上百萬計的群眾都能使用，Google 根據網頁連結的次數，以及受關鍵字吸引的訪客數量，可以產生網頁搜尋結果的排名。不過，個人電腦的硬碟可沒有這種連結統計的功能，所以即便個人電腦內建世界最強大的搜尋演算法，也於事無補。

就在陳繼東和郭杭兩位研究人員的努力之下，終於有了解決的辦法——一款可供選擇的搜尋系統，取名為 iMecho（意思是「我的記憶回音」），設計構想來自於「聯想記憶」（associative memory）。舉例來說，假設你上個月在某個會議裡認識了某個人，到現在你還記得是誰將他引介給你，也還記得那個人的職業和你們曾談過的話題，即使你現在已經想不起他的姓名，但或許還是有足夠的資訊可以幫你找到這個人。

以聯想記憶為基礎的搜尋機制能夠重新建構上一次的瀏覽脈絡，以便下一次追溯。假設你過去曾經做過一個關於蝙蝠回聲定位的報告，那麼搜尋軟體就會從報告本身開始匯聚各式各樣的資料連結。你不需要去建立一個持續不斷的活動紀錄，因為操作背景下的聯想記憶功能會把資訊自動匯編起來。如此一來，你只要輸入「回聲定位法」就能搜尋出一連串完整的相關結果，這讓尋找檔案變成一件輕而易舉的差事。聯想記憶是根據脈絡來搜尋，所以也會檢索到其他關聯性較弱的檔案，甚至可能因此讓你找到更貼近目前需求的檔案。

雖然iMecho主要是為中國市場所做的產品，不過，我們並不難預見在未來的某一天，美國也會出現像中國那麼龐大的家用儲存需求量。二○一○年九月，科技雜誌《*Wired*》曾刊登一篇文章，教導人們如何化身成數位時代的吸血鬼，吸納所有程式、軟體和遊戲等精華。[1]而且，如今美國也已嚐到了資料安全被侵害的苦頭，使得愈來愈多人不願再大方公開個人資訊在網路上。陶德還說：「隨著時間流逝，我預估美國會開始濫用公開取得與搜尋到的資料——這對公開個資的網路平台是一股反挫，例如臉書。」[2]

iMecho搜尋技術的優點很容易就能向外延伸，例如職場上的應用。辦公室的員工都會面臨搜尋資料的挑戰，的確，當初iMecho的設計終極目標就是希望解決普遍性的問題。雖然一開始為EMC帶來啟發的中國使用者的問題是地域性的，但是或許最後的解決方案能夠讓全世界都一體適用。很快地，一旦這項方案的技術更上層樓的時候，發達國家將會展開雙臂迎接它的到來。

讓逆向創新活起來

EMC之所以能創造出iMecho，並非僅僅因為陳繼東與郭杭兩位有過人的聰明才智，還有他們所身處的工作環境。事實上，也因為EMC採取了三個重要的步驟，才能打造出適合逆向創新成長苗壯的契機。

步驟一：將創新人才部署在新興市場，並培力他們，讓他們成為替顧客解決問題的先鋒部隊。

步驟二：讓創新者放手去運用當地資源，企業內部或外部的

資源都可以。

步驟三：替在地創新者引介企業總部的豐厚資源，藉此增強他們的實力。

培力當地創新者，並解決當地的問題

在現實世界裡，人們通常都以為不管你身在何方，都還是可以進行創新。不過EMC則是致力於扭轉這種想法，它們認為，工作地點不僅僅是借助科技就能克服的小問題，並且將之視為它們的優勢策略。「我們發現，員工離開美國才能進行更重要的工作。」陶德說。過去EMC認為收集當地市場資訊是在浪費時間，但現在則是趨之若鶩。為了收集這些資訊，EMC已經盡可能地將觸角延伸到各個角落。

二〇〇〇年以來，EMC開始將研發工作移往海外，並在印度進行品管和開發工作以節省成本，而經營理念的推展則仍由美國總部來掌控。

但到了千禧年的下半年，EMC發現，能在新興市場做的，遠遠不只是節省成本。這裡許多地方都呼喚著世界級的工程師進駐，同時，營收更有爆炸性的成長空間。所以，在新興市場裡，各地的EMC事業單位獲得了更寬裕的條件，定位也變得更加明確，從之前的研發與品管單位轉型成「卓越中心」（Centers of Excellence, COEs）。

企業開始鼓勵各地卓越中心的員工提出想法，並將想法化為行動方案，用來幫當地顧客解決棘手的難題。古塔達奧里亞（Brian Gruttadauria）是EMC消費者與小規模事業部門的主管兼工程部總監，他認為創新團隊最基本的重點原則，就是要找到對的人，也就是了解在地需求的人。中國曾經有一位員工提出過需

求，希望能夠輕輕鬆鬆地將黑莓機和其他資料轉存到EMC的LifeLine儲存設備，這個契機讓EMC增加了無線藍芽的功能。今天，只要有外掛藍芽，就可以將設備連結到LifeLine作業系統，進行檔案和照片的雙向傳輸。

激發本地的創意構思並不是一件很困難的事，關鍵在於能否把想法化為真實的產品。有一個很經典的案例，是在LifeLine作業系統裡加入BT爆速下載器（BitTorrent）的通訊協定。這個構想來自於一個簡單的市場調查，當時，EMC發現，中國消費者比美國消費者更常利用BT來下載多媒體的大檔案。所以，EMC將BT和消費者儲存產品系列設計成一個產品套組，這麼一來，不僅自家的產品變得如虎添翼，而且，用戶無論是下載電影、音樂或者透過LifeLine的網路儲存（storage networks）進行檔案分享，都變得更有效率。而下載完成的檔案可以直接被存入子系統裡，連電腦都不用開。

然而，消費者也變得愈來愈貪心，要求愈來愈多。（永遠都要聆聽市場的心跳聲！）原本的BT在你選取檔案的時候，就會自動開始下載，可是因為中國的網路頻寬費用在一天二十四小時裡有不同時段的計費方式，所以用戶會希望能夠延後下載的時間，等離峰再開始。從那時候起，LifeLine便新增了下載排程功能。

與本地網絡連結

少了施肥灌溉，再完美的想法都難以結成果實。對本地市場很重要的一點，就是必須孕育來自外部和內部的多樣化資源，讓它為團隊所用，並且進行合作交流。

世界經濟衰退期正是進行創新的大好時機。EMC從二〇〇

八年晚期便開始用低成本的方式和全世界的研究型大學進行國際交流與合作，除了進一步鞏固關係之外，也更藉此鍛鍊企業的創新能力，這是EMC最睿智的一項行動。而iMecho的計畫的確就是和北京、上海的大學合作完成的。透過這樣的方式來延伸觸角，可以使創新的滾石不生苔，還能激發更多新點子。另外，和大學建立關係也能強化EMC品牌，並且創造難得的機會以延攬當地優秀的年輕人才。這麼一來，企業也就更能夠獲得深度的在地視野。

EMC的全球創新網絡（Innovation Network）是一個支援全球創新基礎建設的單位，高級總監卡利斯基（Burt Kaliski）曾經扮演國際合作的重要推手。EMC曾延請大學學者到EMC各地的辦公室進行研究相關的演講，還安排自己的研究人員到大學裡做簡報。即便在這個凡事都已高度虛擬化的時代，卡利斯基仍十分相信，面對面的互動會產生一定程度的影響力，他認為「與頂尖大學保持近在咫尺的距離」是非常重要的。卡利斯基說，為了達到最好的交流效果，EMC的創新人員對公司進行中的內部研究計畫與未來研發需求都十分坦率地分享，這麼做是希望能夠為彼此激盪更多創意。同時，世界各地的EMC工程師都可以透過電話會議連結到交流的現場，也可以在公司的社交平台上閱讀會議紀錄。卡利斯基這麼做，可以讓交流的效果發揮到最極致。

鞏固EMC內部合作和進行學術合作，這兩件事情的重要程度不相上下。卡利斯基指出，像陳繼東和郭杭這樣的研究人員，企業會期待他們的研究成果能夠讓行銷與業務團隊買單：「企業的研究人員必須扮演兩種角色，就好比大學教授同時身兼學術研究與教職一樣。」

但是，所謂對話就是要有你來我往，往來的雙方就是行銷業

務團隊和研發技術團隊。前者是最了解顧客需求的人，而後者則最能提出解決方案，兩者必須溝通、交換意見，並且讓創新時時保持在軌道上，不致與現實脫節。

雙方可以藉由以下的問題討論來展開互動：「世界變遷的狀況怎麼樣了？」、「我們的顧客需求是否有什麼變化？」，還有最後必定會討論的問題：「我們該如何用不同的方式思考，才能滿足顧客的需求？」

促進創新的想法和知識的循環系統

EMC孕育逆向創新的第三個步驟，同時也是最後一個步驟，就是將在地創新者連結到內部更龐大的組織。事實上，當企業開始將卓越中心打造成創新培養皿的時候，不免有一些地區的分公司會擔心自己享受不到創新的果實。但是實情卻與它們的擔憂相反，EMC的創新網絡計畫目標是「在當地拓展知識，向全球傳遞知識」。最後，EMC成功地把本地的創新者引介給其他地區，而且也不斷支持創新的資訊在企業內部保持流通。你可以把它想成是一種循環系統，創新的想法與知識順利地穿流其間。

事實上，EMC裡頭資歷相當豐富的「傑出工程師」（Distinguished Engineers）和陶德本人，都由衷地希望創新的想法和知識可以在企業裡面順利地循環交流。卡利斯基統籌了一個名為EMC創新網絡的計畫，他想要讓循環發生在其中，這樣一來，全世界每個部門都能對各地的創新使上力，促使構想繼續往前推展。EMC創新網絡計畫不僅促進了創新的發想、合作與分享，而且也治癒了「地方孤獨症候群」，更強化了組織的團結感與向心力。這麼做，所獲得的回報就是透過這些連結，得以讓在地的知識和經驗轉化成為充滿洞見的逆向創新。

　　如果企業想要學習——真正的深度學習，而非只是表面上的道聽塗說——那麼就必須讓知識旅行。這麼做的目的，並不只是在於讓公司的員工變得更聰明（雖然那樣也不錯），而是讓創新的構想能夠加值。任何一種計畫都會需要其他的部門灌注心力並提供想法。所以，陶德說，「讓所謂的『科學家鄰居』參與合作，通常是很重要的一環。如果一個中國業務員拜訪了客戶，了解了對方的需求之後，或許仍然不曉得怎麼樣才能解決問題，不過，我們的企業在全世界有四萬八千名員工，總會有人想得出對症下藥的解決辦法。」以一間靠技術工程起家的企業而言，員工們對於解決問題從來不乏旺盛的企圖心。

　　一般而言，只要員工們時間許可，他們都會願意伸出援手。所以，如果企業能夠創造正式與非正式的「多管閒事」文化，特別是能夠讓員工們互相認識，這會對創新非常有幫助。所以，EMC資訊基礎建設產品事業的首席技術官傑夫・尼克（Jeff Nick）與首席戰略官馬克・路易士（Mark Lewis）從二〇〇七年開始，每年都會舉辦全球創新研討會，全公司所有的創新人才都會參加。在研討會之前，還會先舉辦創新競賽，所有員工都可以參加，由「傑出工程師」擔任評審，進行案件的審核，包括提案構想的突破性、對顧客的潛在價值、與企業策略目標的關聯性以及執行的難易度等都是評選的標準。卡利斯基表示，即使提案只有入圍決賽，對員工來說都是莫大的榮耀。優勝者不僅可以贏得實質的獎金和公司的肯定，更能獲得資源的挹注及眾人的關注，對於計畫的發展更是如虎添翼。

　　然而，讓當地的創新者們有機會碰面，或許才是舉辦研討會最重要的價值所在。二〇〇九年甚至吸引了高達一千八百名員工共襄盛舉，其中上百名員工來自印度當地的班加羅爾，另外一些

則來自附近的衛星城市。在短短的幾年之間，全球所有的卓越中心都有人來參加過。而如今研討會多半仍維持在美國以外的地方舉辦。班加羅爾那一年的研討會總共有一千四百多件來自十九個國家的創新競賽提案，創新能力最強的點子王以地主國印度居冠，總共有六百件提案，第二強的是美國（230件），接下去還有中國（200件）、愛爾蘭（187件）、以色列（74件）、俄羅斯（69件）等。美國以外的參賽者如今占非常大的比例。

建立逆向創新的產能

EMC堅信，企業未來的內生性增長非常倚重逆向創新。陶德認為，「除非EMC能夠將逆向創新加到企業的通盤策略裡面，否則我們沒辦法掌握發達國家消費者的商機。而且，那些解決開發中國家消費者需求的方案，終究也必定會登陸我們的本國，它們將有能力解決一些連我們都還渾然無所覺的問題。基於這樣的預測，逆向創新就會是我們重要且嶄新的指標。我們必須熟練它，團結合作才能獲得成功。」由此可知，風險的確頗高。

不過，如果今天可以在低收入國家打下江山，那麼未來在發達國家的成功也是指日可待。EMC早就一路不停地培養著逆向創新的高度產能，如今還在等待收割的階段。而且，陶德認為EMC在逆向創新上所做的努力「滲透得還不夠深。」創新最強健的根與芽就是創意的生成——這段過程會透過內部網絡的協助、教導與訓練，帶動四面八方的員工去探觸在地問題，並參與全球創新。

此外，企業仍然必須確保在地成長團隊骨幹的完整發展，還要充分賦予團隊在當地營運的條件。在這件事情上，EMC將

LifeLine軟體和BT結合成套組，銷售到美國和世界各地是正確的作為。EMC其實很深謀遠慮，早就想好可以將LifeLine當作媒介，因應本地市場各式各樣的需求和偏好，並且彈性運用。今天，或許用BT來搭配只是濫觴，在未來，EMC有更多機會為本地市場帶來更多組合配套的可能性。

　　EMC不甘願只當一家做全世界生意的美國公司，它現在正努力把自己變成一家真正的全球企業。為了朝這個目標前進，很重要的一件事就是到美國以外的地方舉辦年度創新研討會。EMC正朝著連營運都能跨越國界的高標準邁進。

EMC的戰術指南回顧

一、**將人才、權力和資金搬到成長的所在地（戰術指南四）。**
　　EMC很聰明地將萬事備妥，準備做逆向創新。它們不僅徵求新興市場員工所提出的新產品點子，並且也獎勵這些為新興市場所做的提案。它們到當地的技術導向大學去挖掘年輕有為的人才，再由公司內部一群優秀的資深專家來帶領這些未來的新星，並且孕育有潛力的創新構思。

二、**讓在地成長團隊使用企業的全球資源（戰術指南八）。** EMC已經將組織內部的人力知識庫加以組織和流通，很類似企業內部流通產品資訊的方法。現在，EMC正在設計一個循環系統，讓創新的想法和知識可以順利流通。透過線上資源、即時活動連線，還有其他推波助瀾的點對點網路連結（peer-to-peer links）等，人們可以輕易地將構想與他人分享交流。但是，即便EMC開發出了那麼多先進的技術以供資訊交流，它卻仍從來都不曾輕忽面對面互動的重要。

問題反思

一、在你的公司裡，誰最能看出下一個開發中國家的巨大商機？

二、這些看出商機的人，有多少權限能夠採取行動，實踐他們的
　　構想？

三、新興市場的創新者需要哪些全球資源，才能夠將構想往前推
　　展，成為計畫提案或製作出產品原型？

第八章

破繭而出的迪爾公司

敗戰的滋味，換來新興市場的前景。

二十世紀的美國農業身處在一股更大範圍的整合潮流之中，在這股無可抵擋的潮流底下，許多家族經營者將自家小規模的農田賣給規模更大的業者，因為農耕已然成為一種高獲益風險的行業，收益往往被寄生蟲和農損抵銷殆盡，一年下來，收入時常無法支付來年必須的大筆投資。此外，市場價格也多半對中間商比較有利，生產者時常無利可圖。

務農，需要日以繼夜的辛勞付出，且一年四季不得停歇。這麼一來，我們就非常能夠理解為何受過更多教育、對未來有遼闊野心的農家子女不一定願意承接上一代的工作，反而是在美國各式各樣的新產業當中，尋求既安穩又高薪的職業。

結果，原本由許許多多小型家族經營者所組成的農業社群不見了，取而代之的是兩到三家大型農場，這些農場的規模比小農要大上好幾倍，不僅生產力提高，且採用產業化的經營模式。這兩到三家的大型農場當中，有的是自行轉型成為產業化經營，有的則是承襲自曾經風行一時的農企業（agribusiness）同行。迪爾

公司是一間總部位於美國伊利諾斯州莫林市的農業機械的龍頭公司，它見證著上述一切轉變。一八三七年，在迪爾發明鋼犁的那一刻起，它的農具事業與客戶群就跟著日益茁壯。

隨著農場規模擴大，農場經營者對曳引機和各式裝備的需求也水漲船高。為了滿足新一代的農機具需求，迪爾進行了相對應的革新，也在這股美國農業的轉型巨潮中獲得了不少經驗。

但或許迪爾表現得太好了，以至於忽略了逆向創新的其中一項挑戰：拋開過去成功的包袱。正如之前的章節裡提到過，過去愈成功，就愈容易產生主導邏輯，而企業也會不知不覺地去依賴它，這不僅使得跨國企業無法應付母國市場的環境變遷，當企業開拓新興市場時，問題更會愈演愈烈。

以為市場條件和母國差不多就一頭栽進陌生的市場，這樣的企業很快地就會發現自己不但沒賺到錢，還惹了許多麻煩。在這一章裡，我們會看到迪爾公司在印度的錯誤開端，以及它煞費苦心的嚴格努力，最後讓自己回歸市場的整個過程。儘管迪爾的品牌舉世聞名，它仍不免要從這次的經驗當中嚐盡落敗滋味，最後才又重新站起。這並非易事。

已開發國家的企業再如何功績赫赫都必須在新興市場裡保持謙卑，這已經是無庸置疑的事實了。傲慢引來滅亡，自以為是等於自取滅亡。要像迪爾最後做的那樣，才是唯一的成功法則：承認自己只是新手，同時，凡事都要自立自強。

經過一段時間之後，迪爾終於理解印度跟它們所想的不一樣，還好，亡羊補牢，為時未晚。它接下來努力不懈地帶來了各種正面的效應，不只成功贏得印度市場，觸角更延伸到了其他的新興市場。

令人痛苦的事實

純粹就產出量而言，印度是世界第二大的農業生產者。（第一名是遙遙領先的中國，而美國則緊跟在印度之後。）迪爾公司長久以來就夢寐以求能進入印度的曳引機市場，因為印度的年需求量共有四十三萬台，是世界之最。

然而，二〇〇五年，就在不久以前，印度市場還不把迪爾當作一回事。同年的市場調查顯示，近三年購買過曳引機的顧客當中，只有兩成的人聽過迪爾這個廠牌。印度市場有一半屬於31到40匹馬力的區塊，其中迪爾的市占率只有百分之二，可說是非常微不足道。當地將近七成五的生意則由馬辛德拉和TAFE這兩家競爭者共同把持。

迪爾擁有備受尊崇的全球性品牌地位，卻一度在全世界最大的曳引機市場裡抬不起頭來，這個事實對身在伊利諾斯州的總部高層而言是極大的惡耗。「這不可能！」、「到底哪裡出了差錯？」他們百思不得其解。

迪爾的曳引機產品規格很廣，尺寸從大到小、馬力從20到600都有，低階產品部分，則是所謂的經濟型曳引機，而高階產品的發展更是令人瞠目結舌，不僅輪胎高度超過一個NBA中鋒的身高，還能裝載高科技設備，而且全密閉空調駕駛室的空間，寬敞到可邀請朋友一起在裡面開午餐派對！

在美國，高階產品是市場的核心，也是迪爾賴以生存的氧氣。也的確，像31到40馬力這種等級的曳引機很容易被當成玩具，或許小面積的景觀美化或保養自家庭院草坪的時候還可以派上用場，但實在不可能用在正經的農業經營上，頂多可以用在小規模的土地，當作業餘農夫的生活調劑，而非謀生工具。

　　當然，迪爾當時發現了這個令人痛苦的事實：小型曳引機已經占領了印度市場。迪爾公司錯誤的根源，就在於相信印度農業會依循美國農業進化的軌跡發展，這種謬誤的邏輯以為，印度的土地必會先經過整合的過程，把無數散布在鄉間的小田地合併成前所未見的大宗土地，因此如今搶手的主流小型曳引機未來將因為土地整併而派不上用場。而隨著時間的推移，印度農夫的需求也將往上提昇，比如迪爾的強項商品──更大型、馬力更強的曳引機。

　　雖然一九九〇年代各種海外市調曾明確指出類似的方向，但或許，一個企業想法的核心仍根源自過往的經驗，並憑著直覺將它投射到另一片土地上；直覺告訴它，新興經濟體的發展會按照發達國家的模式進行；直覺告訴它，應該相信新興經濟體正在發達國家的身後追趕著。時常，直覺讓它一路錯到底。

　　九〇年代後期，迪爾為了準備進軍印度市場，將一個產品工程中心的小組從愛荷華州沃特盧市派任到印度，進行了好幾個星期的在地研究。這個小組結論出印度市場的整體需求，然後迪爾就根據這些需求，著手改良目前銷售全球的曳引機產品。同時，迪爾還跟孟買的拿丁集團（Larsen & Toubro）合資，在西印度的浦那共同設立製造工廠，生產50匹馬力以上的曳引機。

　　然而，銷售結果卻不如預期，它們餵不飽工廠的產能。很明顯地，如果印度農田當時真的有在進行整合，其速度大概也比烏龜走路還要慢。同時，就連馬辛德拉和TAFE曳引機的訂價也都更受消費者的青睞，經銷通路、售後服務據點、零件更換和維修等服務也都更勝一籌。當時，迪爾以陌生人之姿進入這個市場，沒有把握能贏過現任的衛冕者。

反敗為勝

　　為此，迪爾請來杰夫・本奇（Jeff Benge）替自己診斷病情，他是資深的市場營銷高手，也是第二代的企業健將，擁有二十五年以上的經營資歷，在海內外都有工作經驗，也曾待過新興市場。

　　本奇所做的第一件事情，就是摒除任何來自發達國家預設心理的干擾，以便徹底了解印度當地農夫的實際需求。要達到這項目的，就必須徹底研究人們實際上到底如何使用曳引機，並且分析顧客最在意一台曳引機的哪些部分。本奇了解，迪爾已經錯失了搶占市場的寶貴時機，但是他並不因此而急躁，仍然堅持精準、完整地檢視消費者真正的需求。畢竟錯過的時機已然錯過，在地知識仍一片空白，況且迪爾之前走偏了的事實也已無可否認。結果，本奇花了兩年的時間，做了多項的研究來挖掘深刻的市場洞見。

　　二○○五那一年，本奇一來到浦那，便著手籌組一個名為「客許」（Krish）的市場行銷團隊，為印度市場量身打造專屬的曳引機，同時也是印度設計、印度製造。本奇要求在北印度勒克瑙的區域銷售經理海曼・喬許（Hemant Joshi）加入團隊，因為勒克瑙正位於農業區的心臟地帶，頗具開發潛力，而且比起之前那些從美國來的短期出差者，喬許對於顧客需求的了解深刻得多。之後，喬許轉任為此專案的行銷經理，一路扶持新型曳引機的誕生與成長。

　　FK市調公司（Francis Kanoi Group）是家著名的印度公司，以「印度農業調查的第一把交椅」自居。本奇聘請FK擔任諮詢顧問，進行資料蒐集並著手建立品牌。於是，迪爾的在地團隊便

開始和 FK 市調人員一起下鄉，參與訪談、讓團隊聚焦並直接進行實地觀察，使出田野研究的看家本領。本奇說，「對我而言，這是貨真價實的學習。過去的我，只通曉之前在別的市場使用過的舊把戲。而如今我們居住在印度鄉村，以便藉此觀察農夫們工作的過程，這種資料蒐集的新工夫，講求的就是眼見為憑及親身參與。」[1] 有了市調顧問的協助，迪爾逐漸學會了如何將顧客的心聲導入決策過程。

透過各種研究管道，迪爾接觸了超過七千名的準顧客，他們有些已經擁有曳引機，有些則還沒，但這些人看起來都頗有購買動機。迪爾明白了印度農夫對曳引機的要求很多——比美國擁有類似規格的曳引機主人還多。印度顧客的不同需求共有以下幾個面向：

一、**價格**。印度農夫多半經濟條件不佳，因此對總價格外的敏感，然而有時候他們評估一台曳引機的方式卻有點詭異。印度農夫們會依據曳引機的外觀是否「看起來」強壯耐操，來判斷機器的可靠度以及保養費用。這就表示，曳引機必須設計得看起來比它實際的馬力還要大一些，同時也代表了迪爾的低馬力規格機不符需求，因為它的車頂蓋是塑膠製的。印度顧客無論如何都堅持要金屬製的車頂蓋，即便那和機器本身的耐用度一點關係也沒有。

二、**尺寸**。因為印度顧客對價格很敏感，因此他們想要的曳引機尺寸只要大小夠他們日常操持農事就好，不需要太大。因為太大的機器很耗油，維修保養費用也較高，要調動也較不便。再者，印度的農地面積通常很小，因此農夫們希望能有轉彎幅度小一點的曳引機。否則，駕駛必須先把機器停下來，倒車（甚至一次還不夠），然後再轉到所需的角度。這樣做不僅耗費時間和燃

料，增加營運成本，還降低了生產力。

　　三、**使用頻率**。美國的經濟型曳引機通常一年的使用時間不會超過一百五十個小時。人們並不會拿它來做從早到晚的粗重農事，而這樣的工作對印度農夫而言則是家常便飯，他們使用曳引機的時數比美國相似的機型還多上十倍。

　　四、**多用途**。印度農夫除了日常農事需要用到曳引機之外，還將它用在翻土、收成以及田地保養等工作上。真正的用途還遠遠不止這幾項。就好比豬只有叫聲沒辦法當成音樂欣賞之外，牠全身上下、從裡到外都可以拿來吃，物盡其用。

　　印度的農夫將曳引機用在每一個他們想得到的地方，將它的「經濟」效用發揮到淋漓盡致。比方說，他們善用兩輪或四輪的曳引機來搬移機具設備、載運補給品和收割的莊稼。另外，許多印度農夫還會開著曳引機出門替人打工賺外快，更甚者，有些農家甚至讓他們的曳引機身兼代步工具，只消在後面掛個拖車，就可以載著一家老小出門看電影、上菜市場、參加婚禮或各種社交場合。我們也可以說，曳引機就是印度農村生活不可或缺的核心元素。

　　五、**可靠度**。平均而言，印度農夫通常會預期一台曳引機擁有十五年的壽命，包括前五年的零故障時期。聽起來似乎有點嚴苛，但是因為迪爾在發達國家的顧客其實要求得更嚴苛，所以使得它的生產線將印度產品做得過度優良了。其實是有空間可以節省製造成本的，也能夠讓價格與市場更接近，想這麼做，只需要簡化部分的產品設計便行。

　　如此獨特的市場條件事關重大，但迪爾在西元兩千年推出的改良版全球曳引機品項就是無法打入市場，特別是無法滿足對顧

客而言最重要的兩項標準：價格以及燃料效率。訂價過高也澆熄了顧客所有的興趣。在其他的低價產品當中，就有足以顧客符合需求的曳引機了，甚至還能超越他們的需求！況且，迪爾的全球產品每公升汽油只能跑八公里，但十二公里才是印度農夫真正期盼的。

　　迪爾從市場調查中獲得了豐富的回饋，讓自己準備邁向下一個步驟：產品設計。在此之前，迪爾努力市調的同時，也等於是在播下日後影響力的種子。在地團隊與上千位顧客進行互動並且建立關係。後來，這些原本購買其他曳引機的新面孔變成了迪爾的樁腳，口耳相傳地幫助迪爾打響品牌知名度，讓它有很強的後盾，以邁向下一個階段。

設計從零開始，展現獨特需求

　　產品從設計、開發到製造的所有重責大任，都落在迪爾的印度產品計畫經理羅貝斯・梅帝（Robesh Maity）的肩頭上。梅帝從一開始就參與市場調查的工作，如今他必須將印度農夫的問題與使用偏好轉化成特定的產品設計技術。

　　產品研發通常始自修改上一版本的產品設計——迪爾當時在美國的產品技術中心是這麼做的，如此一來，關鍵的著眼點就會變成在既有的功能上再添加新的功能，並且致力於使現有的客人對產品加倍的滿意。這種途徑比較能減少產品開發的成本和風險，同時也能夠更精準地經營顧客忠誠度與基本盤。

　　但是，剛才所指的現象僅止於美國的產品技術中心所做的產品改良情形，因為在印度並沒有明顯的顧客忠誠度與滿意度的基本盤可言。這就是迪爾在印度展開兩年市場調查的原因，它們把

自己當作一張白紙，把一切看成未知。市調之後，也會秉持同樣的心態來進行產品設計。迪爾將更加了解新興的顧客群，因為設計的重點是放在他們身上。設計產品時，最關鍵的問題是：哪些曳引機設計選項能表現最理想的產品性能，達到顧客真正的期待呢？

一般而言，進行曳引機的產品改良時，為了降低風險並增加產品的可靠度，迪爾都會嚴格限制新零件的數量，然而印度的「客許」團隊則不受這項限制的束縛，因為它們要設計的是全新概念、從零開始的曳引機，派上用場的新式零件也沒有數量限制。

二〇〇六年尾，梅帝召集了一個跨部門小組展開前置工作，主要的成員來自印度當地，還加上迪爾另外挹注的全球資源；兩年之後，梅帝帶進了更大的團隊，並舉行為期兩周的集訓，激盪創新的想法，並精準定位產品設計的目標。這個更大的團隊囊括了來自美國與印度的菁英，其中包含幾位資深的全球執行官，並邀請印度二十四家供應商代表來參與。在這個大團隊裡，有超過一百二十位員工手上正負責著各個重要的部門，包括工程、行銷、業務、財務、採購和製造等。

在為期兩周的集訓會議之中，參與者進行了一項關於迪爾的在地競爭者分析。他們找了一個具有足夠空間的會議室，拿來六台競爭者的曳引機，將它們全部拆解，並將每一個零件都放到桌上、逐一攤開，然後開始問以下這些問題：這些競爭者的曳引機有哪些附加價值？哪些環節可以讓他們省下製造成本？還有哪些他們沒注意到的環節可以讓迪爾脫穎而出？

接著成員們開始分組，各自研究曳引機的子系統（例如傳動系統、液壓技術和電力系統等）。每一個小組都無所不用其極地

絞盡腦汁，結果收集了將近兩千個想法，並將其中的五百個標記為「高度可行」。最後，總共有一百二十五個想法獲得核准，被落實到設計中。

在如此密集的會議裡，成員們同時也達成了許許多多關於計畫目標的共識，這些共識可分為兩種：一是顧客關於曳引機本身的十多個需求，並依照優先順序排列。另外則是非產品相關的營運要件，例如客戶融資支援、品牌建立、通路建立、服務與維修計畫等。這兩種共識彼此互依共存、互助發展，最後經過篩選，決定了產品的規格。另外，他們還將顧客需求分成「需要」、「想要」和「喜出望外」（Delighters）等三大類。

此外，這次的會議還獲得了另一項重要的收穫，那就是概略地估算了曳引機的成本以及訂立確切的目標零售價。當梅帝看到大家所限定的零售價時，就知道這下子迪爾必須做出真正不同凡響的產品才行。事實上，當卡諾伊（Francis Kanoi）那一組替他們的市調作階段性的總結時，就提出類似的觀點：如果迪爾還是只做出「人云亦云」（me-too）的產品，那將注定失敗。「客許」團隊必須想辦法超越客戶的基本要求。

在團隊歸納出的新產品需求分類當中，「喜出望外類」正是讓「客許」團隊做出「非人云亦云」產品的關鍵。梅帝特別挑出其中三項：方便的操控盤、優異的齒輪系統，以及獨特耐用的抓爪（clutch）。其中這新抓爪的設計尤其重要，迪爾將一向只針對發達國家高價曳引機的技術運用到這個新設計當中，讓這款創新設計的抓爪搖身一變成為印度市場中的佼佼者。之前，農夫們在市調時好幾次向團隊提到，一般的抓爪維修費用很高，有時候還需要整套換新，他們認為這是個大缺點。另外，創新設計的曳引機更能延長使用壽命，又是另一項優勢。

從零開始的團隊，準備大展身手

　　這項產品開發計畫獲得迪爾的資深領導階層核可，便從二〇〇七年開始啟動。如今梅帝算是得到了一張通行證，對於該進行哪些工作，他的心裡早已有譜，接下來就是如何付諸實現的問題了。「客許」計畫以顧客需求為導向，進行從零開始的專案，因此需要一組團隊專心投入。梅帝為此籌組了一支跨部門的在地成長團隊，一切從頭做起，著眼於在地知識與經驗。

　　但這麼做並不表示他們就不需要總部在技術工程方面的豐厚資源。事實上，梅帝要援引這些資源並不困難，因為他在這間公司的任職經驗十分豐富，與公司裡許多頂尖的技術工程專家也頗有交情。每當計畫遇到技術瓶頸時，他都知道該尋求誰的協助，並用他自己的人脈來使溝通得以進展順利。梅帝為了強化與迪爾智庫的連結，調派了一位美國產品技術中心的工程經理到印度分享特定技術議題的資訊。

　　請各位讀者注意，迪爾會走上這樣的道路，與它當初所想的實在是天差地遠。想當時，迪爾派了一群美國專家到印度進行市場研究，然後再回國發展產品。如今，美國團隊反而成為配角，不是監督者，而是支持者！另外，梅帝的直屬上司是印度的事業主管，而不是美國產品技術中心。

　　梅帝明白與總部智庫連結的重要性，但要把數十位工程師召集起來共同工作絕非易事。因此，他先採取權宜之計，放棄對總部既定產品開發流程的依賴。在迪爾的既定流程當中，產能與可靠度是產品開發條件時兩個最重要的考量，至於上市時程與成本支出則是較為次要的環節。但相反地，在「客許」團隊的心中，成本才是最首要的考量，另外還得讓上市時程盡量縮到最短。

「客許」機種的特性與效能都是根據之前詳盡的市場調查而來，確認印度顧客願意為它們買單，才進行設計的產品。這就解釋了為什麼梅帝會將時間與成本設為優先考量，並依此量身打造最適合的開發流程。

嚴格的成本控制

迪爾的研究心血清楚顯示了顧客對於各項產品特性的不同價值判斷，再加上成本預算和目標訂價等考量，團隊便知道如何在設計產品時取捨。從許多方面來看，嚴格的把關對梅帝團隊來講反而是一股助力，因為每當研發過程走偏了或越線了，都能夠依循這些限制，很快的拉回軌道。除此之外，研發團隊也特別關注這款創新曳引機的總重量，因為重量與訂價都和燃料效能息息相關。「監控『客許』曳引機的重量，就像監控自己的體重。」本奇這麼說。

產品設計的往覆式流程（iteration）與經常性測試

按照傳統，迪爾在美國的曳引機開發計畫通常耗時四到五年，但是公司希望印度的「客許」計畫可以快一點，這同樣也是梅帝的希望，他連一秒鐘都不想耽擱。他滿懷野心地設定了目標，要在三年內完成新產品設計與上市，如此看來，時間成了這項計畫最大的挑戰。

梅帝根據自己在印度其他製造業公司任職的經驗，相信用不同的方式進行設計工作，便能縮短產品的上市時間。一般慣行的設計方式都是將零件半成品製作到接近完工的階段才進行測試。但這種方式藏有風險，因為若有設計瑕疵，總要到很後期才會發現，尤其全新產品比升級產品更加容易產生嚴重的設計瑕疵。為

了快速學習並且避免失敗的夢魘再度發生，梅帝不僅加速了設計的往覆式流程，並且將此流程提早進行，同時安排更多的測試階段。雖然多次測試較費時，但梅帝相信，如此往覆開發的零件，事實上能夠完成得更快一點，最終得到的效果也會更好。使用這套方法能減少團隊枯等的時間，並讓團隊成員對於目前所走的方向抱持信心。

平行開發策略

梅帝擔心任何一點小差池都會拖累好幾個月的進度，因此推動一種「平行並進」的流程——預期可能的失誤，並即時尋求多種解決方案。這項策略很成功，解決了很多次的問題。舉例而言，即便顧客想要的是金屬頂蓋，梅帝還是做了個塑料板的頂蓋當作備案。（最後，塑料板並未被採用，因為金屬頂蓋比較受歡迎，成本也較便宜。）

以下還有另一個例子：迪爾當時企圖自行設計前軸，但梅帝知道這個團隊缺乏設計前軸的經驗，需要設法降低風險。如果團隊自行設計最後卻功虧一簣而且又沒有備案，那麼開發流程就會立刻中斷。為了避免這種情形發生，梅帝找了兩間彼此競爭的供應商，分別讓他們知道迪爾正在設計自己的前軸。結果，迪爾自行設計的產品果然出了問題。

梅帝預估，假如沒有事先找好備案，可能還得多花半年時間來重新設計。幸好，另一個可行的備案已在一旁暖身完成，隨時能夠上場，使得這個計畫一刻都不停歇地往前邁進。

顧客參與共同設計

梅帝徵求印度的準顧客來擔任設計夥伴，每當設計進行到一

定的重要階段，就會展示給顧客研究團隊看，聽取他們的意見，他們變成了迪爾最要好的新朋友。從設計最初的草稿到非功能測試，再到功能化的原型，顧客研究團隊都曾經給予非常寶貴的意見。尤其在功能原型的階段，團隊邀請了其他曳引機的競爭對手來打分數，並且讓他們和各人自家的機型一較長短。

這麼做換來了令人振奮的回饋。有時候，成功的創新故事聽起來容易，但其實並不是這麼一回事。在這整個計畫的執行過程裡，梅帝的團隊曾經和成百上千個變數奮戰，說到底，終究還是柳暗花明又一村。「梅帝非常能幹，」本奇說，「而且，我發現他對客許計畫充滿熱情，這任務並不輕鬆，在設計或技術等方面時常碰壁，但是梅帝總是能夠率領團隊突破重圍，解決問題，讓創新的腳步持續不墜。」

不過，團隊也曾經面臨困厄，梅帝一度懷疑，到底新型抓爪能不能順利製造出來，他並不擔心設計會失敗，因為他對自己的技術工程團隊充滿信心，認為他們絕對有辦法提出有效的解決方案，而且，還有迪爾全球工程專家可以協助，這些專家可都是抓爪設計的箇中高手。

問題反而是在於時間。梅帝只是單純的不確定是否能夠在預定的上市日期之前完成設計。為了以防萬一，他一邊同時進行著傳統抓爪的設計。後來，還真派上了用場，為了避免耽誤客許的上市時間，他們決定改用傳統抓爪，但是，即便如此，新型抓爪的開發則繼續依照它自己的步調來進行，因為那對未來的產品升級還是非常重要。

打造新事業

　　隨著整個產品設計流程一路走來，預定在二〇一〇年的上市日期也逐漸逼近，其他的「非產品」活動也跟著同步進行。儘管迪爾的歷史悠久，但是在印度，它還只是一個學步的嬰兒，想要在此立足，就必須再加把勁。而且，本奇也很清楚，迪爾在印度的業績不佳並不只是因為產品無法符合需求，而是因為缺乏完整的本地營運功能，以及產能支援，這些都是逆向創新應該具備的條件，但是，當時迪爾只靠少數幾個全球機種空降到印度市場，還一邊期盼自己的品牌能強勢不墜，這個美夢並沒有成真。

　　行銷、銷售和通路都需要進步。特別是迪爾品牌在印度的低知名度，最是困擾著本奇。「過去我曾在許多國家工作過，迪爾的能見度都非常高，所以今天印度這樣的經驗對我而言實在是大開眼界。再看一下我們在印度所面臨到的挑戰，我們竟然需要從頭介紹品牌和商品，這真的是匪夷所思。提供對的產品給顧客當然非常重要，但其他許多工作也必須一併到位才行。」

　　本奇明白，對於品牌強化很重要的一件事，就是在當地的經營架構下建立顧客的信心：「為了讓客戶考慮買我們的新型曳引機，我們必須承擔一定程度的風險。」而潛在的顧客還真的有他們的顧慮。像迪爾這種「天之驕子」的企業，是否真能提供顧客所需的售後服務？農夫需要定期更換零件，例如像是濾油器或空氣濾網這些，容易買得到這些零件嗎？維修和保養的技術足夠嗎？曳引機的裝備與配件等庫存已經就位了嗎？

　　迪爾找了許多方法來消除顧客的疑慮。為了提供可信賴的售後服務，擴展經銷網絡就是最重要的保證。另外，在一些主要農業區給予經銷商適當的融資，也同樣不可或缺。「我們發現，許

多地區的企業主都想要加入迪爾的經銷商行列，」本奇說，「接下來，我們必須拉他們一把，讓他們盡快展開銷售。」而且，迪爾還強化了自己在當地的財務實力。競爭者馬辛德拉和TAFE都已經和印度的銀行建立關係，所以銀行給予他們的經銷商較優惠的還款條件，這是迪爾的能力所不能及，所以它不得不跟進，也和印度知名的銀行打好關係，替經銷商和銀行之間找到最合適的操作流程，並加以試驗以確保流程的順暢。本奇理解到，在資金上是否能夠支持經銷商，會影響到業績本身。

即便增加了經銷商，也支持了它們的融資需求，仍然需要再施加誘因，才能讓顧客注意到自己，這一點迪爾心知肚明，所以，它決定提供顧客一年的免費保養和三年的保固期。當時，大多數保固都只有兩年，所以給足長達三年的保固期實在跌破眾人眼鏡。不只這樣，迪爾還決定採取更激烈的行動：針對印度市場，將客許機型的價格完全透明化。幾年前，奇異的土星牌汽車（Saturn Motors）也曾經在美國把價格透明化，現在，迪爾也選擇這麼做。如此一來，就不需要與和經銷商討價還價，也能保障顧客不會買貴了。不僅保持開放與光明正大的態度，而且還能從競爭當中脫穎而出，確保價格能和對手一較高下。

客許上市，搖旗吶喊

行銷團隊非常積極地與經銷商合作，激發他們的鬥志，期待經銷商也一樣積極地鼓動消費者，來為客許的上市做好萬全準備。一直以來，市場行銷團隊都在努力了解顧客的想法，以便制訂新產品的規格，從來都不曾停下腳步。即使後來將工作重點轉移到產品計畫和開發上頭，仍然不忘保持與顧客的接觸。隨著新

產品上市的日子逼近，要怎麼做才能夠大量地銷售新產品，就成為行銷團隊的新焦點。準備上市的新產品最淒涼的狀況，莫過於缺少一支啦啦隊替它助陣打氣。不過就行銷團隊與經銷商的配合狀況看來，這樣的可能性算是微乎其微。

在新產品上市前的幾個月，迪爾舉辦了好幾次為期兩天的訓練課程，讓全印度總共三十個地區的經銷商與業務團隊參加，展示客許的前期模型並實際操作。這些經銷商看到客許團隊對這台曳引機所下的苦功與前置工夫，都不禁佩服得五體投地。這些訓練課程讓經銷商變得很有信心，認為這台曳引機真的比其他競爭對手還要優秀，而且，經銷商也相信它們將會和消費者一起製造雙贏。接著，經銷商們開始規畫在地客戶的招待活動，邀請的對象包括競爭對手的用戶、潛在客戶、其他周邊可能被影響的人，還有金融界的人士等等。結果，一些潛在客戶變成了真正的買家，在客許正式上市之前，就已經接到超過六百七十台的訂單了。

35匹馬力的客許曳引機在二〇一〇年七月正式上市，時間剛剛好，不早也不晚。行銷團隊使出全力，利用報紙、雜誌採訪和各種現場活動，在媒體上大肆宣傳，另外還有電視與報紙廣告等露出。上市慶祝活動在印度的十三個省份遍地開花。迪爾在美國和印度的高層，偕同印度政府官員，一起出席並且開香檳慶賀，還象徵性地將香檳灑在客許的金屬車頂蓋上。而由於當時還在生產預購的訂單，所以迪爾就先給客戶大型的車鑰匙模型，聊表成交之意。鋪張歡騰的上市活動過後，接連著幾個禮拜，業務團隊都親身進入市場，展開銷售。超過一萬名農大試用過客許曳引機。上市後的頭四個月就賣出兩千五百零五台，超越了兩千三百五十台的延伸目標。

　　迪爾獲得了紮紮實實的顧客接受度，它之所以能夠成功，是因為它從零開始研發新產品，而且所有的營運都紮根在印度本地。

　　如今，迪爾已經建構了穩定的營運平台，足以讓自己在所有的新興市場裡繼續成長。梅地當時用來開發客許的流程，確實就是靠自身實力所摸索出來的逆向創新，如今這套流程擁有非凡的價值，這一點迪爾非常心知肚明。這套流程其中有一些最重要的元素，包括：完整的終端顧客調查（當初寶僑開發朵朵這個品牌時也曾如此）、對成本控制的注重、增加設計循環、重複必要的循環、平行發展多元解決方案，以及持續與客戶保持接觸等。

　　從此之後，迪爾便把客許的產品開發模式挪用到中國、印度和其他新興市場。更進一步來說，迪爾正在把新的產品特色延伸到全世界，例如，有一款為中國市場量身打造的新式經濟型曳引機，就挪用了客許機型的部分元素。由於客許團隊努力遵守企業的最高指導策略，也孜孜不懈地幫助新興市場的事業成長，所以它獲得了第一屆執行長獎的殊榮。不僅如此，迪爾還指定印度為經濟型曳引機的全球卓越中心，負責新產品的開發與製造。

迪爾的戰術指南回顧

一、**想要即時掌握新興市場的成長脈動，就必須創新（戰術指南一）**。迪爾的主導邏輯一開始朝著錯誤的方向走去，以為印度農業終究會和美國的發展相同，所以，它把全球型的曳引機出口到印度，卻只換來非常有限的成績。迪爾必須獲取更深的洞見，去察覺顧客的需求，並且開發創新的解決方案，以求振作。這需要花費極大的工夫，但是如果想要敗部復

活，就必須抱持著如宗教教徒般的奉獻精神，投入全副心神。

二、在地成長團隊必須全部從頭來過，重新評估需求，進而研發全新的解決方案，然後再打破原有的組織架構，進行大改造（戰術指南七）。迪爾運用獨特的方法，為新興市場開發出嶄新的專屬創新模式，今天，這套模式不僅可以為其他市場所用，還能運用到其他的產品線。這套模式講求一切從零開始，從大範圍的市場調查開始，平行發展多種策略以趨避風險，同時速簡地製作新產品原型，嚴守實驗分寸，還要學習並遵循經常性的往覆式流程，密集地收集顧客回饋，並且專門籌組一支獨特的跨部門團隊。

問題反思

一、你現在對於新興市場的認知，是從哪裡來的？還需要從哪些方面的努力才能更加深對市場的理解？

二、如果你的公司已經有良好的開發新產品或新服務的流程，是不是足夠用來為新興市場開發新產品或新服務？

三、在你的產業裡，不同新興市場的顧客有多相像？比方說，巴西與印度的潛在顧客有沒有面臨類似的需求？

第九章

哈曼扭轉自己的工程文化

革命式的解決方案可以直搗黃龍。

━━ ○○六年，羅文達（Sachin Lawande）加入哈曼國際工業
━━（Harman International Industries），擔任汽車部門的首席技
術官。哈曼是一間高階音響和資訊娛樂設備的製造商，在高級音
響界是熱門又獨具競爭力的佼佼者，領先全球的高階市場。它所
生產的設備將GPS衛星導航、音樂、影像、手機與網路連線等
系統合而為一，包括BMW、奧迪（Audi）和賓士（Mercedes-
Benz）等都是哈曼最早期的顧客。

羅文達很快就發現自己變成空中飛人，在全世界各地奔波，
忙著解決軟體問題。就在他愈來愈了解哈曼的資訊娛樂專屬軟體
之後，他發現這些軟體背後的結構竟然複雜得不得了。由於哈曼
的高級音響堅持要做高規格的客製化，後來卻變得和自己的程式
碼基底（code base）牽扯不清。這種毫無限制的情況絕對需要改
變，才能夠化繁為簡。替高價位的豪華車款做產品設計，相對而
言比較沒有限制，所以熱愛高複雜度的工程師很喜歡做這類的設
計案件。而哈曼本身就是一間以技術為本的企業，主宰著企業命

脈的，就是工程師。能夠提供解決方案的人，就是受認可的優秀份子，他們不管在哪個產業裡，都是最富有創意的一群人，但有時候難免變得驕傲，喜歡展現精湛繁複的技藝，最直白的方式反而令他們看不上眼。

擅長設計繁複產品的團隊在德國，他們負責汽車部門主要的軟體工程，理所當然地，他們對自己的成功感到十分自豪，因為他們真的頗有兩把刷子。「他們每一個人都有非常明確的角色定位，」羅文達說，「都將製造無人能敵的最優異產品視為值得驕傲的事。」[1]

但是羅文達對這件事有一番不同的見解。當然他也同樣景仰、欣賞這支優秀的團隊，不過他同時仍然是個實際派的信徒，信奉簡約與靈活。羅文達本身就是一位軟體工程師，過去他曾經耗費長達二十年的時間，開發嵌入式裝置，把軟體和晶片的功能在更大的非電腦系統裡結合起來。他待過貝爾實驗室（Bell Laboratories）、3Com、QNX等企業，從這些工作經驗裡，他學到一個關於嵌入式裝置最重要的絕竅，那就是：以更少做更多——以最少的程式碼和硬體位元數產生最多的功能，而且最好做得不著痕跡，讓消費者在使用的時候感覺不出任何的差別。

羅文達的見解與哈曼的主導邏輯的路線不同，本來這樣很可能讓他產生極大的挫敗感，甚至讓他很快就退出哈曼，但後來事情並沒有朝這個方向發展。相反地，公司要求他來領導一項名為薩羅士（SARAS）的計畫，這剛好正中下懷。這項計畫的目標是設計出一套全新的資訊娛樂系統，以大幅簡化的結構激發哈曼的成長動能，特別是在最富潛力的市場——新興市場。（SARAS並非縮寫，而是梵語當中「具有適應性」、「靈活有彈性」的意思，而這也代表了新系統設計的首要目標。）

新增加分題，再求進化

自從亨利・福特不再堅持只製造黑色汽車之後，汽車製造業者便在汽車性能上展開競爭，而這些都已超越交通運輸工具的基本設定。車主們也很快地就將基本配備視為理所當然。而至於化油器的針管、轉彎半徑、壓縮比和傳動系統等等細節，只有汽車迷才會執著探究。大多數人選車的條件，還是在於車子的外觀漂不漂亮、內裝是否舒適，以及防護配備夠不夠安全等。而今天，在汽車的銷售展示場裡，資訊娛樂系統變成新的加分題，因為現在各種形式的數位資訊和視聽娛樂不僅適用於家庭或辦公室，也能夠適用在汽車裡。

在資訊娛樂系統的豪華設備市場裡，哈曼擁有超過七成的市占率，霸主的地位坐得穩穩的，令人又羨慕又嫉妒。哈曼總共有三個部門，最大的就屬汽車部門，三十億美元的總收益當中，它就包辦了二十億。另外還有貢獻四億美元的消費者音響部門（哈曼卡頓〔Harman Kardon〕、燕飛利仕〔Infinity〕和JBL是其中的三個品牌），以及六億美元的專業級音響部門，專門為體育場、表演舞台、禮堂和俱樂部等場所提供大眾廣播和相關的音響系統。每一個部門都有各自專屬的技術工程團隊。

哈曼擁有豐富的突破性創新經驗。兩位創辦人西德尼・哈曼（Sidney Harman）和柏納德・卡頓（Bernard Kardon）不僅是工程師，也是發明家。兩人在一九五三年以「哈曼卡頓」做為品牌，推出世界首見的高保真接收器，後續更推出世界上第一個立體聲接受器。而且，他們也行銷家用立體聲系統，在單一機身上組裝各種零件，也就是說，由顧客挑選自己想要的喇叭、接收器、唱盤和擴大機等配備，再買回家自己組裝（通常一定會經歷

一些令人不安的錯誤嘗試）。哈曼曾獲頒許多獎項，例如旗下品牌愛科技（AKG）的麥克風和頭罩式耳機，曾在二〇一〇年榮獲葛萊美的技術獎。

哈曼本身在技術工程方面有非常優良的血統，所以一向被認為是走在世界潮流尖端的企業。不過，如今它卻面臨了落伍的危機，無法繼續擴展高階市場的市占率，營收的成長幅度也變得微乎其微。對此，哈曼必須找尋新的成長契機。或許過往是人們對豪華設備的需求支撐起資訊娛樂的市場，但情況不可能始終如一。全世界一年總共有七千萬的汽車產量，其中只有一千萬輛是屬於高階車種。中階市場，甚至低階市場，都很快地產生對於資訊娛樂系統的需求，透過廣告的催化、流行文化的渲染、愈來愈容易取得的 GPS 導航儀表板，還有在汽車租賃時供人挑選的附加功能等，需求愈來愈明顯。想當然爾，成長最快的就是開發中國家。像印度的塔塔和馬魯蒂（Maruti）這些公司都訂得出非常低廉的價格，讓發達國家望塵莫及。

為了成功打入這些新興市場，哈曼需要改變企業文化，就從工程的進行方式開始改變。然而一開始的嘗試不太順利。在一個典型的全球在地化企業裡，工程師通常會藉由修改既有的高階產品以製造等級較低的產品。他們曾經直接挑選幾個既有的產品，拿掉其中最頂尖的特色與功能以降低成本，例如將高階軟體與低階硬體用矽膠黏接配對。但這種硬湊亂配不僅犧牲產品性能，做出來的系統也形同報廢。之前哈曼花了這麼多時間和金錢想要突破困境，結果新系統根本不受青睞，反而陷入更大的窘境。

重塑哈曼，掌握新興市場的成長脈動

　　二〇〇七年，包利華（Dinesh C. Paliwal）走馬上任，擔任哈曼的首席執行官。之前的二十二年，他任職於艾波比（ABB），那是一間資本額三百五十億美元的瑞士科技集團，他的工作足跡遍布四大洲共六個國家，還替艾波比在中國和北亞開疆拓土。包利華當年高分畢業於印度理工學院，那是一所人稱「印度的麻省理工學院」的名校。他是工程文化的達人，為哈曼帶來了豐富的國際視野以及深厚的經驗傳承。他的行動迅速，推行跨文化的合作成績斐然，因而博得了美名。

　　包利華的任務就是打響哈曼在新興市場的知名度。對此，他立即展開大動作。他新聘了兩位區域經理來掌管中國與印度的營運，一位是金定義（David Jin），曾經擔任飛利浦醫療系統大中華區的首席執行官；另一位是拉克斯密那拉揚（Lakshmina-rayan），之前是博世印度（Bosch India）的聯合管理主任。這兩位新任經理和包利華一樣，過去都曾經成功地替西方跨國企業提升在新興市場的市占率。所以，今天哈曼才會替中國和印度訂下很高的五年成長目標，要求中國從現在一億兩千萬美元的收益，成長到十億以上；另外也要求印度從區區一千五百萬美元的收益急遽成長到兩千五百萬美元。包利華明白，單純的在地全球化是不可能達成如此野心勃勃的目標。想攻占新興市場，必須要使出新的招數。他被任命負責薩羅士計畫，並委託羅文達主導哈曼的成長策略關鍵。

　　薩羅士計畫被特許可以重新打造一個新的資訊娛樂平台，只能用三分之二的成本，而售價必須比高階機種少一半，同時還得具備類似高階的功能。然而羅文達的野心比這更大，他想要開發

一種更先進的可調節架構，滿足未來更多的需求。他預言未來會需要一個讓汽車市場從初階到高階都能應用的系統。不知不覺間，包利華和羅文達都踏上了逆向創新的旅程。後來，羅文達遵循大部分的逆向創新戰術指南，再加上包利華的支持，終於獲得了成功。

挑戰既定的遊戲規則

　　新的點子或新的做事方法總會刺激人們敏感的神經。毫不意外地，薩羅士計畫也遭受反彈。羅文達說，「數不清的阻力從四面八方襲來，企圖讓計畫破局。」一位來自德國工程團隊高層的前首席工程官就曾加以阻撓，這位工程官當時被任命主責薩羅士計畫，他不同意羅文達採取先破後立的方法，而是希望用比較保守的方式來執行這個計畫。不過，包利華後來介入其中，支持羅文達這一方。（後來，就在二〇〇九年一月，羅文達成為了哈曼新任的首席執行官。）這只是某種顯而易見的個人行動，從首席執行官的角度而言，這麼做可以扭轉企業的心態和文化。羅文達這麼說：「若缺少了包利華對薩羅士計畫的一臂之力——而且來自企業的最高層——我根本不可能成功。」

　　儘管獲得支持，公司內部仍然流言四起，說什麼薩羅士計畫根本就是胡攪蠻幹，成不了事；還說反正這個計畫只是為了印度和中國而起，不可能製造出多高明的產品，成熟的西方市場才不會買單！但由於羅文達確實看到了薩羅士計畫的無窮潛能，因此他頗有信心：「我們要從第一秒鐘就熄滅這些流言。」

　　然而，企業內部的阻力並非只針對計畫目的本身，也針對羅文達的組織運作手法，這要從羅文達進入哈曼開始說起，他一開

始便看出以產品研發為主軸的優缺點。無論薩羅士計畫的目標是什麼，他很清楚，自己必須要採取和過去截然不同的路徑才行。

哈曼既定的遊戲規則是階級式的，高度複雜也十分專精。工程師通常只會待在有限的技術領域內。然而，例如衛星導航之類的某些特定的資訊娛樂系統功能，會需要結合好幾種不同的軟硬體技術。而德國團隊的遊戲規則是先將各種技術分門別類，再畫分到幾個較小的區塊裡。每一個區塊都由不同的小組負責執行。

這些小組一般而言不會被要求做分外的事，因此每個小組除了自己的區塊之外，並不知道前端或後續的流程是如何。事實上，各小組對於產品最終功能的了解，可能僅限於皮毛而已。如果設計的意圖在於進化附加價值，那麼這樣精細分工的效果是非常顯著的。隨著時間過去，哈曼能夠生產高度工藝化的世界級單一組件，所有組件的設計都不假第三方之手，也不依賴自由軟體。每一個元素都是貨真價實的「哈曼出產」。

這種方法對研發奢侈品十分有效，但是它既精密又昂貴。對於薩羅士計畫而言，大刀闊斧地降低成本不僅是最優先的任務，同時還必須提供與成本不相稱的優惠價格給顧客。面對這樣的難題，他必須要有一套全新的解決方案。因此，薩羅士計畫需要一套全面翻新的組織運作手段，就像尚未誕生的新產品那樣。在之前的篇章裡，我們已經強調過在地成長團隊必須是「全新組成」，並根據計畫需求量身打造；這意味著無論先前擁有多麼輝煌的組織經驗，都必須放下。而哈曼則是這套原則的最佳實踐者。

招兵買馬

直到二〇〇八年末，薩羅士計畫才正式展開。羅文達所面對

的是一種新型態的技術挑戰，因此他決定揚棄哈曼的傳統，用一種截然不同的方式來招兵買馬，他決定以印度和中國做為主要的設計重鎮，而不是德國或密州的法明頓丘（Farmington Hills）。不過對於向來強大的德國工程團隊而言，另立工程中心會威脅到它崇高的地位，這個決策因此頗受爭議。

羅文達在哈曼內部尋找適合的人選，為在地成長團隊尋覓領導者。他從法明頓丘找來兩位最頂尖的人才。一位是印度人艾文‧巴魯（Arvin Baalu），在哈曼已有四年經驗，他將負責籌組班加羅爾的團隊。另一位是中國人申克磊，負責籌組蘇州的團隊。巴魯的團隊負責研發新的軟體結構，而硬體部分則由申克磊的團隊負責。

巴魯和申克磊兩位都是公司的重要領導人，擁有很高的聲望與美名，他們能搭起溝通的橋樑，並將哈曼產品和技術的深度知識灌溉給薩羅士計畫。再者，他們在地紮根的資源可以協助計畫有效地接觸到當地顧客群，並增強市場開發。他們的出身是一項優勢，過去在公司裡累積的實力又更錦上添花。因此對於哈曼來說，兩人確實是薩羅士計畫中不可或缺的角色。

另外，逆向創新成功的關鍵在於，這支團隊直屬於羅文達，而不是汽車部門。在地成長團隊若是直屬於資深高管，會讓決策的高度停留在部門層次，這很可能會造成團隊無法獲得必要的資源，或在某些工作上必須妥協。另外，汽車部門的主管很可能不自覺地用成熟事業體的標準去評估這支在地成長團隊，而忽略了它們其實才正處於發展階段而已。

此外，羅文達還從德國挑了三位工程師組成團隊的核心小組。這有點冒險，但羅文達胸有成竹。儘管他們一開始對薩羅士計畫有所抗拒，羅文達仍然認為他們是公司未來的命脈，現在的

他們和之前建功立業的時候同樣不可或缺。這些工程師擁有無可取代的專業，因此他們能夠替薩羅士帶來關鍵性的貢獻。羅文達挑選的人都富有天分、聲譽良好且具有影響力。這些人進入團隊，將帶來改變的力量，因為他們一旦回到德國原本的部門，就會帶動其他的同事一起參與協助。

這番決策背後的真正目的其實不難想像，就是為了創造一套新的設計能力，而不是為了取代、懲罰或削弱企業本身既存且績效卓越的設計能力。畢竟哈曼始終不可能放棄高階奢侈品的市場。羅文達十分明白，他所需要的在地成長團隊有其獨特之處，但同時必須要能和企業的全球組織協調搭配。羅文達讓團隊保持小規模，因為人數不多才能確保高度的效率和快速的決策。一言以蔽之，薩羅士計畫的全職員工不超過三十人，其中十五人在印度，五個在中國，另外在美國和德國則各有三人。

羅文達要求團隊從產品整體功能的角度進行思考與籌謀，而非只關注個別的組件。舉例而言，衛星導航設備上所有必備的功能，都由其中一個子團隊彙整。

回想當時，羅文達了解到，「改變組織」這件事情的重要性和產品本身的創新是一樣重要的（改變組織要做的事情有很多，例如依照資訊娛樂系統的功能來做分工，而非按照組件）。唯有確立了前者，後者方能應運而生。如果沒有全新的組織改造，也就不會有全然的產品創新。因此最後，團隊也把組織當作新產品，進行了一番「改造」。

大刀闊斧，重新改造產品

團隊全員到齊之後，羅文達接著化身成為團隊背後的推進

器，他說：「我的角色就是不斷挑戰他們，以確保大家持續朝積極進取的思想方向前進。」他也協助團隊時時保持以下的五大設計軸心：

簡約。整體設計流程必須愈簡約愈好——比實際需求再多一分的複雜都必須避免，因為複雜就是獲利的敵人。如果要求薩羅士計畫的資訊娛樂系統做到與高階相同的功能，那麼至少目前既有的功能，例如導航、通訊和多媒體等，一個都不能漏掉。然而，資訊娛樂系統有一個秘密：事實上，它們那些琳瑯滿目的特色，大部分的終端顧客根本就很少使用。羅文達指出，「高階導航設備的特色大約超過一百種，可是我們發現其中為顧客所用的，都不超過二十種。」由此可見，新系統的功能群組必須要與消費者的實際使用習慣保持同步，才能讓產品回歸簡約。

成本。薩羅士計畫最激進的一項工作，就是對於「成本」極度斤斤計較。一方面要求做到近乎高階的各種功能，一方面又只能花費原先三分之一的成本。成本上限被大幅削減，這實在是苛求。因此羅文達耳提面命地督促團隊成員，在每一個步驟上都發揮創意，想出節省成本的良方，「二分之一的價格，三分之一的成本」便是他們的座右銘。

這種看似壓抑的限制其實可以帶來很積極的效果。將限制視為助力而非阻力，就會激發突破性的創見，團隊也會變得靈活且機智。

舉例來說，我們在之前的章節裡曾經提到過，在貧窮、地理偏遠和基礎建設落後等種種限制和束縛之下，仍然可以產生像亞拉文這樣的創新解決方案。印度有廣大的鄉村人口，他們經濟貧困，數百萬人缺乏便利堪用的醫療保健照護，許多人罹患眼疾之

後就此失明，於是亞拉文眼科醫院便應運而生，提供創新的白內障治療管道。由於病患無法遠道就醫，亞拉文醫院就派遣配備齊全的行動醫療營，進駐到偏鄉之中。醫生和護士們透過電腦上傳的資料為病人看診，必要時，也會利用衛星訊號即時與城市裡的專業團隊連線。如果遇到需要替病患動手術的情況，亞拉文醫院還能提供接送服務。所有的醫療服務只對富人收錢，而窮人則一律免費。研發出亞拉文醫院這套解決方案的人，除了真正了解在地限制之外，還能將阻力化為助力。

模組化設計。哈曼現在的系統之所以那麼複雜，是為了在售後階段，能滿足汽車製造商大量客製化的需求。透過模組化設計，可以讓哈曼的客製化難度和耗時降到最低。公司可以分析顧客群，並鎖定一些汽車製造商需求度最高的要素，再依此預先製造一批必要的庫存。這份模組選單不僅可以保障設計結構的完整性，更能在製造的後端節省不少工夫。

其實這套方法並不新鮮，但可以預見的是，要這麼做，必須跳脫出所謂正當的常軌。在產品開發的過程中，有時候人們會忘記模組化設計是規格當中很重要的一部分，既有的高階系統就時常會這樣。但薩羅士則需要遵循最嚴謹的模組化規定。

利用自由軟體（OPEN SOURCE）。羅文達不願意開發昂貴的專利系統。與其一切都靠自己研發，薩羅士計畫寧願找現成的來用，例如盡可能的採用自由軟體，並對第三方應用軟體保持開放。對此，羅文達設下標準，規定哪些工作由內部完成，另外哪些可以從第三方或自由軟體獲得。「這個行業非常自外於世，對外界發生的事情不聞不問，幾乎到近乎輕蔑的地步，而這就是現在的狀態，」羅文達說，「換句話說他們認為『我們是特別的一群。我們很懂汽車製造行業……除了我們之外，再也沒有其他人

知道到底該做什麼。」這種想法背後的態度顯示了公司裡某些人對於大眾化的軟體根本不屑一顧。」而若要執行這套標準,則需要一些規範。

薩羅士團隊受到鼓勵,可以向外尋找所有功能組件的技術支援,以滿足對產品表現的需求。不過有些則屬例外。比方說,開放架構(open-architecture)會為公司內部帶來自行設計程式的重大突破;例如有一種應用軟體叫做OpenNav,可以讓新的設備與世界各地幾乎所有的第三方導航軟體相容,許多第三方提供的重要地圖內容都可以相容,當時花費了非常多的時間與精力來開發,但最後證明了一切努力都有代價。

然而,自由軟體這個概念本身也遭受挑戰。且讓我們提一個顯而易見的例子:有一種專利技術可以讓不同系統的簡訊彼此相容,德國團隊擁有這套開發技術已經好多年了,但若要採用它,就不能讓薩羅士的工程師動用自由軟體,和隨之而來的第三方新應用軟體。德國團隊對於要使用自由軟體這件事,感到很有壓力。關於這件事情,之前就曾經發生過一番毫無建設性的爭論,而當時身為首席技術官的羅文達做了一個單方面的決策,他選擇直接使用自由軟體,同時他並不想繼續促進溝通或多費工夫達成共識。

標準化的晶片。哈曼藉由客製矽晶片進行高階產品設計,由於向供應商訂購的晶片數量並不多(以半導體產業的標準來看是不多),成本就會很貴。由此可知,晶片是節省整體成本的明顯因素。

薩羅士團隊從其他產業當中找尋大規模製造的合適晶片,結果,他們很快就發現智慧型手機的晶片能達到的功能,與哈曼的資訊娛樂系統非常類近。智慧型手機的市場非常龐大,因此能和

手機晶片的製造商合作生產薩羅士的晶片，這麼做相當合乎邏輯。結果哈曼不僅讓晶片市場變得更大，這項舉措更成為薩羅士節省成本的最大關鍵。

臨門一腳助達陣

羅文達採用一種稱為 Scrum 的敏捷軟體開發方法，它是往覆式且富有彈性，很適合協助團隊進行跨部門的大型開發計畫。這個方法一開始會先決定一個十五到三十天的周期作為「衝刺期」（sprints），再依每個「衝刺期」分成不同的任務。為了避免訂立太過遙遠且難以預期的工作期限，團隊每星期會設定新的目標，以便即時掌握計畫整體的成敗動向。短期工作期限可以讓經常性的工作回報確切落實，並且即時學習吸收──這就是創新初期的成功關鍵。

薩羅士團隊每天都利用燃盡圖（burn-down charts）追蹤各項衝刺目標，以公開的圖表展示具體任務的進展。由於團隊堅持採用 Scrum 的方法，因此在風險發生前可以事先預知。

羅文達設定三月要做第一次的測試展示。為此，他會親自出差到印度去參加，還事先放話說自己希望被好好地驚喜一番。第一次的測試展示很成功，所以羅文達又安排了六月在康州斯坦福（Stamford）的總部進行第二次測試，專門展示給高層主管看。這項舉動固然十分大膽，但羅文達希望藉此把薩羅士計畫正式搬上檯面，又有什麼機會比這還恰當呢？這樣不僅可以幫團隊加油打氣，更能回應一部分的質疑聲浪，也就是那些仍然不看好這個計畫的人，讓他們早日「從善如流」。

測試展示進行得非常順利。團隊自信滿滿，同時計畫也獲得

海內外的高度關注，接著要努力的事情，就是讓產品也能順利商
品化。

跨越銷售與客戶的心理障礙

　　羅文達帶著這個讓自己感到相當驕傲的產品，準備進入市
場。他採用混合式的銷售策略，因為在中國和印度等新興市場，
哈曼算是新面孔，還沒有建立起屬於自己的銷售通路。所以他特
地籌組專屬的銷售團隊來進行這項工作。而在其他已開發的市場
中，他只需要請既有的銷售團隊們將新產品加入菜單裡就可以
了。

　　然而，要說服他們這麼做卻是十分高難度的事。因為哈曼的
銷售團隊就跟技術團隊一樣，比較擅長做高階產品。每當要銷售
一個新產品時，他們的流程是從和每一個顧客會談開始，釐清顧
客所希望的高度客製化系統，接著再按照老方法去製造。

　　銷售團隊一向習慣如此冗長又費力的開發流程，但新系統的
模組功能選單已經大幅度地減少了商品化的範疇，也讓系統設定
的變更和傳輸都更快捷些。沒想到這個優點卻讓銷售團隊以為，
流程變得容易肯定代表產品品質低落，連帶地在一開始的時候，
他們不是很樂意將新系統平台介紹給顧客，後來還是因為包利華
和羅文達下了命令，他們才願意推銷。而客戶端起初接受度也不
高。另外，一些原始設備製造商（OEM）雖然一向不乏修改平
台的經驗，這次仍然被薩羅士的獨特設計弄得措手不及。最後，
還是羅文達邀請顧客前往參觀中國和印度的研發中心，舉行會
議、簡報和測試展示，才讓顧客對新系統感到放心。

　　就在二○○九年的下半年，豐田跨海而來，成為第一位上門

的顧客。豐田一向被認為是眼光最敏銳的顧客，在決定採用薩羅士產品之前，他們還做過完整的技術評估。哈曼當時為了從汽車製造商身上贏得一紙訂單，已經努力了五年以上，如今總算開張大吉，這種感覺就像打了場勝仗，也一掃銷售團隊心中的隱憂。羅文達說，好不容易有新產品可以推銷了，業務們總算開心一點了。而且，利潤並不差，這讓業務們更加有信心。「這套系統的淨利潤率（net margin）幾乎快等於高階的兩倍，這頗值得玩味，也真令人開了眼界。」羅文達如是說。每當銷售達到一定的龐大數量時，每單位的淨利（net profit）亦隨之提升，銷售佣金當然跟著水漲船高，如此一來，便形成一股自利利他的超強銷售動力。

當初設定的五年銷售目標是五億美金，但事實上，自豐田開始的六個月之後，哈曼拿到的訂單就已經超過十五億美金。根據羅文達的說法，二〇一一年春天，也就是上市一年半之後，薩羅士的業績已經突破三十億大關。羅文達說，「如今我們有了薩羅士，所以能夠在中國這個快速變動的市場保持領先。」

由上而下的承諾

回首當初，薩羅士的上市計畫伴隨著慘不忍睹的金融海嘯，大家鐵定記憶猶新。一般來說，面臨這種情形，企業通常會收斂羽翼以降低風險，並咬牙苦撐，等待景氣回春。這場金融海嘯不僅重挫汽車產業，哈曼的汽車部門也受到殘酷打擊，收益從三百萬美元掉到只剩兩百萬，下滑了整整三分之一。公司內部的研發計畫多半也都遭到腰斬，無法上市。

薩羅士當時的磨難還不止於此，它還遭受來自德國技術工程

團隊的堅決抵制、銷售團隊對於低價系統的初期冷感，還有與日俱增的拓點成本支出。要不是這項計畫得到汽車部門的一路護持，早就胎死腹中了。過程中，包利華幫過很多大忙，讓計畫運用企業內部的資源來控制成本，但他同時心意已決，非得建立一套低成本的平台來開拓新市場不可。

由此可知，當時薩羅士的處境有多難解。「之前我常常輾轉難眠，煩惱著如果有一天系統就位、人員到齊，卻沒有生意，那該怎麼辦！」羅文達說，他很欽佩包利華竟然沒有被短期的強大壓力擊垮。這兩位最佳拍檔如今合力操盤的企業正穩健擴張，反觀其他大多數的汽車製造同業，卻都在掙扎著避免生意萎縮。

打造多方向的平台

如今的業績表現亮眼，令人滿意，不過羅文達已經開始放眼下一步了。初期目標市場從來就不是他的目標，攀升巔峰才是他真正的企圖。這也就說明了為什麼一開始要把薩羅士的模組設計成可擴充式的架構。到最後，這副新架構還能符合高階的需求，它的設計概念已將西方市場考量在內。

無論是高階或低階房車，只要內含資訊娛樂系統的設計，一定會有類似的功能：衛星導航、多媒體播放、連結手機和網路。差別只在於，每一種功能的特點多寡不同，好比各家的衛星導航系統不僅各有特色，而且等級也有區別，包括導航顯示螢幕的大小、地圖的精細程度、系統色階、內建資訊的數量與豐富程度等。舉例而言，高階產品會搭配立體高解析度的十吋螢幕，而低階可能就是平面的七吋螢幕。

但這些差別其實對使用功能的影響不大，多半是表面的審美

差異罷了。像是晶片、顯示卡和其他高科技硬體等零件，高階和低階之間的落差也有限。而且，薩羅士團隊的產品其實可以容許變更或擴充到近乎高階功能的程度。

然而，將新架構導入奢侈品市場，並非短時間就能做到。哈曼高階顧客的汽車產品的前置作業期都非常冗長。也就是說，哈曼在二〇一一年尾賣出一套資訊娛樂系統給車商，車商最快也要到二〇一四年才會上市。

因為這樣，羅文達開始愈來愈急著向低階市場探詢商機，有如他期盼力爭上游那般急切。幸好，當時已經成長到五十人規模的薩羅士團隊，正在替全球價格最便宜的印度塔塔納努汽車（Tata Nano）設計新系統。同樣地，薩羅士的目標仍然是大幅降低成本，且要保留最多的功能。「以最少做最多」儼然成為薩羅士的萬年座右銘了。為塔塔納努製造的系統，成本只能是高階的四分之一到五分之一，但功能仍然要有高階系統的四分之三。由於大部分房車駕駛通常只使用少數幾項核心的資訊娛樂功能，因此，為塔塔納努設計的功能並不會比賓士的少。

羅文達把腦筋動到了另一項更激進的計畫上，那就是改造摩托車。印度、中國和東南亞的摩托車市場仍然非常龐大，哈曼從中發現了巨大的潛藏商機，因此一個名為「那爛陀」（NALANDA）的計畫因運而生。這個計畫訴求全然的原創，所有軟體、硬體和平台都將是全新的，且都將在印度設計製造。那爛陀的目標定價相當大膽，每輛機車只賣二十元美金，為此，團隊必須借助車主手機的系統處理能力才能合乎效益。如果還有任何對哈曼的質疑，薩羅士團隊仍然蓄勢待發，準備再次證明這些質疑的謬誤。

不過，這層擔心其實是多慮了。即便是之前最愛反對的德國技術團隊，如今也都領首稱是了。而且，自從哈曼贏得豐田的訂

單之後，股價就不斷飆升，到二〇一一年底，股價比起二〇〇九年時，總共翻漲了四倍之多。

哈曼的戰術指南回顧

一、**為企業組織植入逆向創新的心理建設（戰術指南五）**。哈曼的最高執行官包利華透過高能見度的明確行動，表達他對薩羅士計畫的支持，不僅認同計畫的目標與執行方法，對計畫領導人羅文達更是力挺有加。他依樣下達了緊急命令，非得達成新興市場的成長，開拓汽車產業的處女地。在某些關鍵的時刻，包利華也曾即時伸出援手，讓業務和技術等重要團隊充分了解彼此合作的重要性，這部分絕對不容妥協。

二、**為開發中國家規畫獨立的營運計分卡和損益表，度量指標著重成長（戰術指南六）**。包利華在印度和中國另立新的管理職，聘請該國經驗豐富的人擔任區域經理。透過逆向創新贏得市場，就是他們的首要任務。

三、**貫徹「從零開始」的組織規畫（戰術指南七）**。羅文達的組織規畫從零開始，他不僅在印度和中國籌組薩羅士在地成長團隊，遠離德國和美國的設計中心，還依據個別的系統功能成立子團隊，而不是採取傳統上依據個別零件分成不同團隊的作法。同時，他也鼓勵簡單、運用靈活且富有成本效益的設計原則。

四、**從逆向創新的初期便妥善管理，各項試驗都需謹遵原則（戰術指南九）**。在地成長團隊必須在短時間內，迅速地以低成本為前提進行產品試驗，並且根據每周目標評估進度與學習心得。一言以蔽之，這部分是很彈性的往覆式流程。

問題反思

一、在你的企業裡，負責新興市場的員工被賦予多少權力和權限？有權力的人是否駐任在市場成長的地區？

二、傳統上，你的企業都如何進行創新？如何將人分組？是依照產品功能、零組件、流程階段，還是技術專業？相同的組織構造是否適用於開發新興市場的創新團隊呢？

三、在地成長團隊和企業裡的其他人可能會產生哪些衝突？該如何化解？誰的權力夠大到足以確保在地成長團隊的勝算，同時還能消弭衝突？

第十章

奇異亞洲醫療保健事業的
印度創新之旅

是那些在地工程師堅決的信念與充滿啟發的手法，
造就了醫療市場的成長。

當奇異醫療在班加羅爾的團隊去拜訪當地醫生的時候，因為發現一些事情而感覺很挫敗。說得明確點，他們發現了以前從來沒有注意過的事情。

從二〇〇一年開始，奇異團隊就努力地在印度進行高階心電圖儀器（ECG）的研發與製造。每到一處診所、醫院，團隊的目光就會很自動地開始搜尋自家的產品，結果竟然一台都沒有，目光所及都是競爭對手的儀器。

心電圖檢查是一種非侵入式的醫療行為，不僅安全、零風險，而且操作成本相對較低。在已開發國家，這是目前運用最廣泛的心臟檢查方法，而且奇異的產品在這裡早已是不可或缺的品項。不過，在低收入國家，奇異「世界頂級」的心電圖儀器通常只會出現在主要城市的大醫院。偏鄉則因為負擔不起儀器的價格、重量和電力需求而未引進，這樣的結果導致明明可以及早發

現和治療的心臟疾病，卻常常沒有辦法被即時診斷出來。

　　奇異亞洲醫療保健事業是醫學顯影、診斷和醫療資訊科技的主流製造商（它在二〇一〇年的收益高達一百七十億美元）。一向以來，奇異的競爭者都是大型的全球技術製造商，例如西門子、飛利浦和東芝（Toshiba）等，這些競爭者也都有自己專屬的醫療診斷儀生產線。一台奇異心電圖儀器的價格大約在三千到一萬美元之間，一般而言，這些高階設備重量都不輕，攜帶肯定很不方便，而且，通常還需搭配全尺寸的專用印表機和電腦顯示螢幕。因為這類儀器有一定的複雜度，所以還需要有足夠專業的檢驗師，懂得如何操作才行。另外，大多數的儀器都是專利技術，不論是維修或更換，樣樣都所費不貲。

　　二〇〇五年，班加羅爾的工程團隊對心電圖技術變得更加精通，所以愈來愈希望能夠為印度做出貢獻。這個國家裡，有一塊非常大的診療需求一直被忽略，而工程師們想要藉由自己對印度的熟稔，設計一種符合當地經濟條件、基礎建設和實際生活脈絡的產品，照顧這一塊需求。他們預測，自己所設計的產品一定能夠在印度普及，也相信自己肩負得起這樣的使命。再加上他們對自己的能力已經夠有信心，可以開始行動。

　　這一則奇異醫療的故事，正好道出了常見的逆向創新腳本：在地團隊付出相當的代價，以發展自己的創新技能。他們對市場的觀察（或敏銳的直覺）讓他們燃起一股日益茁壯的渴望，想要去填補重要的需求缺口，而那竟是一個還沒有被任何大型企業滿足過的缺口。然後，他們將這股渴望轉化為有血有肉的研發計畫，並且展開運作。最後，皇天不負苦心人，他們成功地掌握良機，終於一舉成名天下知！

　　你當然會疑惑，事情哪有可能這麼順利，總是會出現反對

派。雖然遭遇反對可能也是一種逆增上緣，不過，逆向創新要能成功，的確並非自己的力量就能辦到，組織得給予良好的支持才行。一方面，全球企業必須鞏固在地成長團隊的特殊地位，讓它們扮演衝鋒陷陣的先鋒角色，但另一方面，也應該要提供組織資源，讓團隊充分利用。

由此可知，逆向創新從來都不是由少數的在地工程師完成的巨大變革，奇異的這個故事也證明了這一點。奇異既然想把逆向創新奉為圭臬，以開發新興市場為目標，那麼唯一的途徑就是提供真正符合當地需求的產品。若用奇異的語彙來說，就是「當地設計滿足當地需求」（in country, for country）。本章將帶領讀者了解印度團隊是怎麼達成這樣的目標，同時也會了解奇異如何幫助團隊完成夢想。

改變力道與日俱增

為了創造出印度適用的心電圖儀器，奇異在千禧年蓋了第一座美國以外的多領域研發實驗室，名為約翰‧韋爾奇技術中心（John F. Welch Technology Centre），就位於班加羅爾，印度團隊便開始在這裡進行研究。這顯示了當年奇異對新興市場投資的極端重視，其意圖再明白不過了。十一年後，也就是二〇一一年，約翰‧韋爾奇技術中心已經變成了奇異在全世界規模最大的實驗室之一。實驗室、辦公室和廠房的占地總共達一百一十萬平方公尺之廣，容納來自各個事業部門總共四千位科學家和工程師，其中負責醫療部門的就有一萬三千位員工。

更早以前，軟體程式設計的工作都是委外進行，實驗室剛成立的頭幾年，醫療部門就只專注負責這項工作。漸漸地，團隊愈

做愈有心得，便開始添加新的工作範疇，從子系統和電子組件擴展到較為高階的診療功能項目。不過，工作焦點仍然擺在全球產品上，由美國總部指揮管理。

奇異醫療部門一直把全球在地化當作策略，直到二〇〇五年，才有了改變。在印度，奇異推出一款高階產品，價格只要三千美元，屬於頂級價格帶的最低水位，但並未激起市場的漣漪。總部見狀，便明白得施展更有智慧的方法才行，但是，當時還沒有決定將開發突破性產品這個重責大任交付給印度當地的團隊。

同一年的尾聲，印度市場發出了限時警報，因為業務團隊已經變得沮喪、挫敗，而且工程團隊也是一個樣，因為他們實在沒辦法滿足當地顧客的需求。業務部門的人說，奇異在印度鄉下「根本算不上是個對手」，這樣的話語，他們都毫無遮攔地告訴拉賈。（拉賈是當時奇異醫療在印度的總裁兼首席執行官，他曾經說道，以全球在地化為主的企業如果想要替新事業爭取支持，簡直難如登天。這一點我們之前在第四章裡提過。）當地業務還告訴拉賈：「如果希望我們用一定的零售價來銷售某樣產品，我們能做的，就是開拓出符合產品特性的市場，然後，如果可以讓我們在一定的範圍裡彈性調整零售價的話，我們絕對能夠賣得比好還要更好很多。」

拉賈很贊同這番言論。他說，「業務們都知道已經有許多不錯的心電圖設備可供銷售，只不過，沒有一樣能夠符合印度顧客的需求。印度鄉下不但沒有穩定的供電，顧客的經濟實力又不好，而且，能操作設備的診療空間也有限，再加上氣候溽熱、灰塵漫天，種種因素使得西方市場的產品在這裡都變得不適用。」[1]

特別在這種情況下，像是BPL這樣的本地競爭者就趁隙而入，拉賈形容他們「爬到我們頭上來了」。而事實上也是這樣沒

錯，依據拉賈的估算，BPL大概占據六到七成的印度低階心電圖設備市場，而奇異只屈居不到百分之五。

拉賈擔心這樣的競爭者威脅到的不只是今天的在地市場。因為，總有一天，其中某一個競爭者將會壯大到足以用印度的技術對奇異的其他市場造成威脅。「我們必須堅守戰場，」拉賈說，「否則一旦BPL或其他本地競爭者轉移到高階市場，我們的全球市占率很可能就會拱手讓人。」

急切的工程師、受挫的業務員，和崛起的競爭者，在這三重壓力的加乘作用之下，困難度與日俱增。對於奇異醫療部門而言，已開發國家的心電圖設備市場已經飽和，這是再明顯不過的現實。那麼，未來的成長又該從何而來？答案就在新興市場裡。想要開拓新興市場，唯有依靠低成本產品的價值區隔（value segment）。

漸漸地，企業內部愈來愈重視印度市場，對它寄予厚望。然而當時奇異醫療很不幸地並沒有做產品的價值區隔。為了籌謀未來，工程師歐思文・瓦吉士（Oswin Varghese）出馬了，他擁有生物醫學工程的學位，二〇〇一年加入奇異醫療部門之前，曾經在其他公司待過幾年，負責過軟硬體和系統設計，之前也曾在完全不適合印度的產品上浪費了不少時間。當時，奇異就延請他來負責打造一個型態截然不同的心電圖設備。

為新事業說好話

從之前提到拉賈的故事裡我們知道，奇異若想推行新事業的構想得先清除許多障礙，像是說服總部讓公司相信自己有能力成功，當然障礙還不只這一個。這個在地團隊一直都只負責生產由

總部設計的子系統，從沒執掌過任何開發計畫，所以，要怎麼做才能建立企業層次的信心，讓它們相信團隊能夠徹底勝任這項計畫是最大的障礙。要突破它需要一些堅持。

「我們或許需要比其他團隊做更多簡報，增進大家對我們的認識」，拉賈說。還好，事情朝著令他開心的方向發展。奇異把重點擺在增加新興市場的成長上頭，為了克服障礙，需要的不只是堅持，還需要實際的資源，所以，總部拿出了五十萬美金投資在產品開發上，並且將新產品命名為MAC 400。

重新評估顧客需求

MAC 400的任務就是要延伸傳統心電圖診斷的功能，讓它深入窮鄉僻壤，拯救印度偏鄉七億人口的生命。在這裡，醫療資源照顧不到，許多病人都沒有辦法看醫生。「印度最常見的致命疾病是心臟病，」拉賈說，「心臟疾病已經成為一項不可忽視的社會問題，需要及早發現才能控制病情。我們必須找出讓印度七十萬名外科醫師都能採用的辦法。」

拉賈的團隊必須完全掌握印度獨特的醫療保健市場才能完成這個雄心壯志，一併擊敗其他的在地競爭者。一般來說，在這種情況下，企業必須要捨棄一些過往的包袱，比方說：太過依賴既有品牌和高階產品的光環，或者過分倚重全球在地化策略。企業必須要反過來體認到，印度醫療環境受到許多基本限制，主要因為低收入和落後的基礎建設，使得印度的醫療服務大打折扣。這些限制就是MAC 400的必考題。

收入

印度的病患和診所能動用的資金遠遠比不上西方國家。

- **替病患看緊荷包。** 印度貧窮人口的比例非常高。不看醫生的後續治療費用會更貴，還有可能致命，一些病患在初期胸痛的階段不敢及早看醫生，因為診療費用對他們而言實在高得嚇人，每次得花上五到二十美元做傳統心電圖檢查，這筆支出對他們來說並非小數目。所以，MAC 400 單次檢查的費用必須要讓人人都能負擔得起。

- **低廉的設備購置費用。** 對於印度大部分的外科醫院和診所而言，一台奇異的心電圖設備要價三千美元，有如天價。事實上，除了部分印度最大城市的最頂級醫院之外，這樣高價的產品在印度根本就沒有銷路。所以，MAC 400 的設備購置價格必須降低，要連小型診所和私人外科醫師都買得起才行。

基礎建設

印度的交通運輸、電力設施、甚至連醫療專業人員都很匱乏，所以醫療器材必須具備一些特定的功能和特性，這些都是發達國家想也沒想過的。例如以下這些：

- **攜帶方便性。** 一些幅員遼闊的偏鄉，診所和醫護人員不僅稀少，而且因為人口分散，所以彼此之間的距離非常遠。雖然例行檢查能夠為人們的健康帶來深遠的良好影響，這裡的人們仍然會因為距離診所太遠，而忽略掉這一塊，唯有到病情惡化的時候，才願意動身前往醫院。所以，MAC 400 必須要能方便攜帶，好讓外科醫生能夠帶著它去找病患看診，而不是枯等病患遠迢迢地上門來。

- **電池供電**。印度的電力系統發展並不完善，偏鄉不是缺乏穩定的供電，就是根本沒有電力設施，需要插電的設備幾乎根本無用武之地。所以，MAC 400 必須在沒有供電的時候，還能用電池維持運作。

- **使用輕鬆上手**。傳統的設備需要由職能完善的人員來操作，可是在開發中國家，醫療專業人才奇缺無比，在偏鄉更是鳳毛麟角。奇異醫療的頂級心電圖設備使用說明書多達厚厚的五十頁，可是，MAC 400 必須要設計得非常簡單才行，要讓幾乎任何人都輕鬆上手。

- **維修保養方便容易**。出了印度的大城市，醫療儀器的維修和服務體系並不健全。如果在鄉下有一台高階的心電圖設備故障了，根本沒有人會修理。所以，MAC 400 的維修也必須非常容易。

全新的解決方案

印度團隊獲得了總部的資金挹注之後，同一時間浮現了兩項挑戰——組織團隊、設計產品。這兩項工作都需要從零開始的方案才能解決，既有的組織架構已經很難讓計畫推展。

要成就 MAC 400，必須由許多人一起合作，包括技術、行銷、業務和客服等不同部門，但是奇異過去沒有太多類似的經驗，一向以來，各部門都是獨立運作，也分別直屬於各自的全球總部主管。當下奇異需要的是一個在地成長團隊，於是它們著手籌組了一個，由瓦吉士（Varghese）擔任領導人，將各部門的成員統整為專屬的單位。這個單位握有充分的資源，而且短期內不需接受既有的績效考核。

接著，這組在地成長團隊便從頭展開新產品的開發工作，一絲一毫都不走既有的模式，因為總部同意它們可以挑戰「奇異路線」。而且，如果需要，團隊還可以援引龐大的技術和人力資源。團隊的確需要找到獨立與合作之間的平衡點，目的就是推出一台零售價不超過八百美元的新產品。為了這麼大的野心，瓦吉士常常帶領團隊挑燈夜戰，埋頭鑽研降低成本的辦法，同時還要滿足種種設計要求，包括攜帶方便、電池發電、使用簡單、維修容易……等。曾經有位團隊成員是這麼形容這項計畫的：「想贏得印度的大宗市場，就必須改變自己的想法，以前做到物有所值就好，現在可得做到物超所值才行。到頭來，答案就是節約成本的創新。」

團隊找到許多方法可以降低成本，例如，奇異一向都運用自己的專利技術來設計全副的心電圖儀器，還設計客製化的高階機種零件，包含自家廠牌的晶片、印表機、鍵盤，甚至電線。這些設計的製造和操作都所費不貲，所以在地成長團隊小心翼翼地繞開這條路，轉而盡量尋求現成技術來完成設計，這就類似於第九章哈曼團隊的作法。

病患在做心電圖檢查時，電訊號會透過所謂的數位訊號處理器（DSP, digital signal processor）清晰地傳輸出來。而高階的專利DSP都是小量生產，所以生產成本相對高昂。所以奇異的在地成長團隊就從既有的標準化DSP晶片當中選定一款，由德州儀器（Texas Instruments）和美國模擬器件公司（Analog Devices）製造，如此一來，生產規模便提升了不少，這個作法和哈曼與羅技（見第五章）的故事頗有異曲同工之妙。（雖然半導體占生產成本當中很大一部分，但半導體技術的進化真可謂迅雷不及掩耳，每一次技術進步的幅度都很大，所以，矽晶片的任

何一種創新都是快速弭平產品性能落差的好辦法！）

　　就在團隊實驗過一連串低成本印表機的設計之後，一個新穎的構想誕生了：利用類似公車上或電影院的那種票據列印機。班加羅爾的巴士系統當時使用的印表機，有著恰到好處的尺寸、重量和耐用度，剛好可以為MAC 400的心電圖輸出列印所用。像這款印表機每年都會賣出數百萬台，奇異醫療不僅可以直接購得，其規模經濟的魅力更是無可抵擋，效益也絕對是一年只生產一萬台的客製化印表機望塵莫及的。

　　就在問題一個一個被解決的同時，團隊也更謹慎地控管成本，小到連一分錢也不放過。瓦吉士說，團隊的「壓力從未間斷」，每一個設計面向都要削減成本。「從前我們設計全球商品，從來不需要計較那麼多！」[2]另外，團隊為了讓機器更方便攜帶，也著手幫它瘦身，目標是將總重量控制在1.1到1.2公斤之間。這項瘦身計畫茲事體大，如果說對於生產成本是錙銖必較，那麼對於重量就是斤斤計較。

　　將印表機縮小，就可以減少重量；將螢幕縮小，就能減少整體技術的複雜度、設備重量和電力消耗，順帶地還能延長充電電池的使用壽命。後來，團隊只用了一個充電器，就完成至少一百次的心電圖檢驗，成功地達到理想的目標。另外，在地成長團隊還找到了聰明的辦法，讓產品不只使用操作容易，維修也方便。MAC 400的主要介面就只有一個綠色和一個紅色的按鈕，綠色是啟動，紅色是停止。瓦吉士是這麼形容的：「只要會看紅綠燈，就會操作MAC 400。」使用手冊也編得精簡易讀。而且，新儀器的設計還配備了一些標準置換配件，讓人可以輕易更新替換。如果設備故障，使用者自己就可以更換零件。

　　在地成長團隊時時刻刻都向總部報告自己的開發進度，不過

是用巧妙的方法來報告。在奇異，一般報告會做成 PowerPoint 簡報檔，但由於公司一開始對在地成長團隊的能力還存有疑慮，所以，團隊並不製作簡報檔，而是實際演示它最新的產品原型，藉此明確地呈現計畫進度。「在每一次的演示中，都會看見原型的實際進展和大幅度的進步，」拉賈說。從這樣的報告形式裡，全球執行主管可以看見「團隊同仁的肢體語言所展現的興奮之情，和他們眼裡閃耀的光芒，就能明白計畫的確正在進展，所以寬心不少。」

我們在第四章曾提過類似的論點，拉賈明白，逆向創新的進度檢核標準需要特別制訂。「我們不採用一般性的損益表或其它度量標準來評估，比方說風險比率差（rate of risk reduction）。我們也常常請其他部門的專家幫忙做檢核，從中更是獲益良多。」就在 MAC 400 的設計工作完成之前，還有最後一道關卡，必須要符合所有相關的檢定與測試標準。「我們希望新產品能符合國際化的制式標準，例如輻射放射等項目，如此一來產品便能在世界各地銷售。」瓦古上說。

隆重上市

二〇〇七年十二月，MAC 400 正式上市了，而且一舉就獲得成功。更精準地說，新產品是做了很多妥協之後，才能達到今天的目的，和頂級產品相較之下，它少了螢幕和數位記憶體，也缺乏全尺寸的鍵盤，更遑論大型的站立式印表機了。但是，還是有不少優點可以平衡這些犧牲：它的重量只有 1.2 公斤，可以輕易地帶在公事包裡或用背包揹著，而且新產品可謂是麻雀雖小、五臟俱全，舉例來說，它所用的演算法分析系統，和自家的頂級

設備一模一樣。

　　接著，MAC 400到貧窮的偏鄉去做實際的田野試驗。無論新產品的結構到底如何，它至少都具備以下基本功能：紀錄並列印出正確的心電圖結果、檢查心臟疾病，並且助人挽救性命。在班加羅爾或者城市裡的病患做一次心電圖檢查只需要付90盧布（大約兩美元），而在鄉下地區的病患只需要付45盧布（大約一美元）。不論是一美元或者兩美元，這樣的零售價都比頂級產品動輒花費五到二十美元來得親和多了。[3]（圖10-1為傳統心電圖儀器和MAC 400。）

　　奇異的在地成長團隊為了盡快拉抬銷售業績，便研擬了走向市場的新方法。以前，奇異醫療在印度推銷高階心電圖儀器時，都要透過大都會的經銷商，但如今MAC 400的目標市場與之前大相逕庭，因此，奇異另外籌組了一支直銷團隊，到最偏遠的小鄉村與外科醫生們直接交涉。這也算得上是一種從零開始的全新

圖10-1　圖左為傳統心電圖儀器，圖右為MAC 400

組織設計。

　　然而，正如我們之前一再提及的，從一開始到上市的所有流程，在地成長團隊偶爾也會需要組織的援助。但是像奇異這樣龐大的企業，對於一個只有十人的小型團隊，權力到底該給到多少？又該給他們多少權限，讓他們引用企業寶貴的全球資源？

　　從組織運作的角度來看，這根本就是把大金剛和小蜜蜂放在一起，還叫牠們和睦相處。「關鍵就是要讓雙方互助合作，」拉賈說，「我們鼓勵在地成長團隊能夠當一支小而銳的精兵，由瓦吉士來扮演領頭羊的角色。而同時，他的團隊仍然可以援引奇異龐大的全球技術與通路資源。如此一來，我們終究會贏得勝利，因為我們不僅利用大金剛的優勢，也利用了小蜜蜂的優勢。」

　　雙方協力合作等於為計畫印上了穩贏的保證戳記。「想成功絕對要靠大團隊的力量，單打獨鬥是沒辦法的，」瓦吉士說。成功合作的一項秘訣就在於這支跨部門的團隊（包含工程、採購、業務和經銷）彼此合作無間地朝目標邁進，一切的目的，都是為了要讓MAC 400的名號響徹雲霄。為達此　重大目的，奇異甚至不惜顛覆既定的遊戲規則，讓在地成長團隊脫離全球部門主管的直屬管轄，以便專心地執掌計畫。

超越印度

　　雖然MAC 400當初是為了印度的特殊需求而開發的，但是後來很快就銷售到已開發國家去了。大家都很驚喜地發現，MAC 400在歐洲的銷售短時間內就成長了一半，因為它為買不起大型設備的獨立外科診所提供了完美的解決方案。如此快速就見效的銷售成績，證明了當時在地成長團隊按照國際標準所做的

設計，果真十分明智。

　　MAC 400如今可是真真切切的在各個國家販售著（美國和加拿大除外，因為奇異把在中國開發的機種賣給它們），「我們並不只為印度創新，」奇異醫療的印度首席技術執行官馬希賈（Munesh Makhija）說，「我們是為全世界創新。」馬希賈又舉了自家低成本嬰兒保溫箱的生產線當作另外一個例子，那是為新生兒提供穩定溫度環境的調節裝置，「印度的嬰兒死亡率是一項很重大的問題。對此，我們在班加羅爾生產一款名為『搖籃曲』（Lullaby）的低成本嬰兒保溫箱，於二〇〇九年面市，零售價一台為三千元美金（發達國家一台要價高達一萬兩千元美金），這種印度製造的產品現在已經在六十多個國家銷售，其中不乏西歐的富裕國家。」

　　MAC 400和「搖籃曲」雙雙在新興市場獲得佳績，我們可以歸納出一個重點：為開發中國家的需求所作出的創新，有時候會以一種意料不到的方式滲入已開發國家，而之前從未被注意到或規模太小的邊緣市場，也會因此打開市場利基。

　　奇異醫療運用各種機制幫助MAC 400從印度拓展至其他國家。起先，MAC 400被帶到國際醫療設備的展覽上介紹給大家認識，另外還將行銷訴求鎖定在醫師的診療用途。如此一來，全球銷售團隊便開始見證到業績的逐日成長，不會再擔心它會瓜分掉既有的市場了。最後，MAC 400再由資深主管帶進企業內部，以提升它的能見度，例如在二〇〇七年的企業年度報告中，又多加上兩頁關於新產品的介紹，並且附註了一句「夢想啟動未來」的品牌口號！首席執行官伊梅特更在許多高階主管會議上親自示範產品，介紹時絕對不會漏掉這句話：「如果不由我們來將新產品推向國際，其他中國或印度的競爭者就會取而代之！」

MAC India

　　有時候，逆向創新的一炮而紅只是個開端，第一回合的基礎將成為接下來向高低階市場進攻的平台（見表10-1），拉賈說：「我們從第一次的流程學習到一件事，那就是現在的價值區隔永遠都可以再降階。」奇異第一次所做的降階區隔，便是MAC 400的改造版，並冠以「MAC India」的名號，在二〇一〇年的第一季正式問世。用MAC India進行診療的價格只要九盧比，比一瓶礦泉水還便宜。

　　拉賈提到，之前的MAC 400診療還要價四十五盧比，「MAC 400的心電圖機器對偏鄉的病患來說，仍然太過昂貴。一個胸腔疼痛的人會想：『天哪，這就要花上我四十五盧比，那或許待會就不痛了吧！』但是疼痛並不因此消失。也許三天後，他就心臟病發、撒手人寰了。倘若他還活著，就必須舉債以接受治療，他的家人也將因此而陷入龐大的債務壓力。如果當初做一次心電圖診療只需要九盧比，那麼他就會想：『好吧，九盧比我還可以付。』」

　　MAC India的儀器購置費用只需要兩萬五千盧比，遠比要價四萬盧比的MAC 400來得低廉許多。「MAC India不只划算而已，更是大大的物超所值。」一名在地成長團隊的成員提供了量化的標準：「大體上來說，要為都會市場帶來十分之一價格的解決方案，為鄉下市場帶來百分之一價格的解決方案，才能贏得印度市場。比方說，一個產品在西方國家賣一百元，而在印度的都會區，你必須讓它只賣十塊錢，在鄉下區只賣一塊錢。」

　　MAC India的外觀跟它同系列的產品很類似，唯一的顯著差異在於最耗成本的印表機，之前的寬度有80公釐，而這款只有

表 10-1　為市場區隔下的心電圖儀器進行逆向創新

	高階標準	創新一：MAC 400	創新二：MAC India	創新三：MAC 600	創新四：MAC 800
說明	散裝——已整合的、全尺寸螢幕的、鍵盤和印表機	高度可攜性、重量輕（小於三磅）；可以攜帶到病患家中看診	MAC 400的降階產品，功能雷同，可攜帶，使用方便	MAC 400的升階產品，功能雷同	較高階的心電圖儀器，更進化的軟體，造型與質感更先進
特性	一流的性能，需要附滾輪的板車來移動	簡單、雙鍵按鈕操作，非專業人士亦可操作，體積小，內建印表機，略去不用站立式的螢幕，印表機與鍵盤	更小的 58 mm 內建印表機（比 80 mm 還小），減輕重量、紙張重量，力成本	增加內建式螢幕（檢驗師可以看見檢測結果被正確地紀錄）、手機式鍵盤（可在檢驗紀錄中輸入病患識別資訊）、數位記憶體（可以諸存檢驗結果並透過電子郵件傳送）	包含更多功能：整合手機式袖珍鍵盤（可輸入 SMS 簡訊文字）、七吋顯示螢幕（比 4.3 吋的 MAC 600大）、更大的印表機、內建連結功能
電源需求	需插電，電池可支援五十次心電圖檢測	可插電或充電電池（支援一百次心電圖檢測）	只能用電池，略去插電功能，減輕重量、成本和用電量，加上晶片和其他零件效能都已進化，這一切皆使電池壽命得以延長，每次充電最高可支援達五百次心電圖檢測	可插電或充電電池	可插電或充電電池

	基礎建設完備的已開發國家，不適用於印度，印度訴求可攜帶性、低價取得、低運作成本，以及電池供電（以應對不穩定的供電環境）	小城市與大鄉鎮的價值區隔	中小型鄉鎮的超大價值區隔	任何一種城市規模	中國二級和三級的城市與鄉村
目標					
驚喜收穫	X	在一百九十四個國家裡銷售（在歐洲很暢銷，尤其在法國）	銷售尚未開展	銷售尚未開展	在美國銷售
取捨	高單價	沒有記憶卡——檢測結果必須隨即印出，無法諸存；意即無法輸入病患姓名或編號（檢測師必須手寫姓名於印出的報告上）	與 MAC 400 相同，但印表機較小，且沒有插電功能	技術複雜度較高，重量與用電電量也高於 MAC 400	技術複雜度較高，重量與用電電量也高於 MAC 400
購買價格	$3000到$10000	$800	$500	$1200	$2000
每次檢測費用	$5到$20	$1到$2	$0.20	$1到$2	$2到$3

58公釐，這不僅更降低了製造成本，還節省了後續的紙張和電力成本。MAC India最巨幅的改變就是它完全依靠充電電池就能運作。由於印表機變小，以及中央處理器的進化，電力使用效率因而大大的提升，MAC India單單靠一顆電池就能夠保存五百張以上的心電圖檢測紀錄。另外，奇異醫療為外科醫生們設計了相對優惠的付款條件，而且利息是零，這就是MAC India在產品本身以外的革新作為。如今，無法一次付清購機款項的醫生們可以選擇按日分期付款，一天只要繳二十七盧比——等於只要做三次心電圖檢查就能賺到——而且是線上付款。

MAC 600

下一個階段的改版，則以高階市場為目標。之前MAC 400的設計，無庸置疑地經歷過一番艱難的權衡與取捨，其中捨棄的一項配備就是數位記憶體，因此它沒有辦法儲存一個以上的檢測結果，檢測完之後就必須隨即列印出來，也就是說，如果印表機故障，整台機器就停擺了。另外，它沒有顯示幕，因此如果病患身上的電極貼片沒有貼好，得等到結果列印出來才能發現，那麼檢驗就得重做。它還缺少字母鍵盤。診療人員無法輸入病患的名字或編號，只能用手寫在列印的報告紙上，平添工作流程的麻煩與困擾。

因此，MAC 600增加了一個如手機般的袖珍鍵盤，並且添加了可供儲存五百次檢測報告的記憶卡。如果印表機故障（或者如果檢測結果不需立即列印），儲存的報告可以稍後再從記憶卡中列印出來。報告的檔案格式是PDF，不是奇異的專屬資料格式，這意味著任何一台電腦都可以讀取報告，一般的辦公室印表

機也都可以列印，還能透過電子郵件或行動電話傳輸檔案。遠端醫療的種子就此種下。

此外，這款機型還具備了4.3吋的螢幕。檢測師可以很迅速地辨別儀器是否正常讀取資料。假設病患的胸毛干擾了電極的訊號，那麼檢測師也能夠立即發現，在檢測結束之前就修正問題。這項功能除了能夠節省紙張之外，也能降低病患的不適感。此外，螢幕檢視功能使得每用一台MAC 600一年可以少砍一棵樹（等於五十九公斤的紙），實為對生態友善的產品。

這些加分功能與MAC 400和MAC India等機型都彼此相容。MAC 600在二〇一一年的第一季上市，每台零售價為一千兩百美元。比起同系列較適用於小城市與鄉下地區的前幾款機型，MAC 600更適合在大都會的診所和醫院使用。

千里之行始於足下，只要大型企業用正確的方法去探尋市場需求，必能獲致傑出的成就，如今MAC系列產品的亮眼成績正說明了這一點。最初班加羅爾的在地成長團隊在設計MAC系列產品時，對每一分錢錙銖必較，因為他們的預算只有五十萬美金。這麼一來，團隊為了要達成目標，必須要運用企業本身最尖端的專利技術，同時要簡化一些功能，包括訊號處理流程以及列印方式等。此外，僅僅依靠丟棄舊包袱、破除機會主義，同時增加效率，團隊便能創造一個具有彈性的產品，方便升級或降級改造以因應形形色色的市場處女地，從開發中國家的二、三級城市，到西歐的偏鄉或醫師診療室，皆能一網打盡。自MAC系列上市開始，銷售已經超過了一萬台。公司一開始投資的五十萬元美金早已回本了好幾倍，其利潤比起高階機種也毫不遜色。

MAC 800

　　就在班加羅爾團隊賣力研發的同時，奇異醫療集團正在另一處進行其他的心電圖產品創新。就在中國的無錫，一組在地成長團隊正在研發一款名為MAC 800的類尖端機種，這款機種嚴格來說並不能算是印度機種的系列延伸，因為它的開發途徑其實並不相同。事實上，中國團隊所設計的是另外一套平台與系統。它有著七吋大的螢幕，印表機也比較大，有著類似手機的袖珍鍵盤。

　　中國團隊在MAC 400計畫啟動後才著手進行自家的設計，目標是設計出功能較健全的產品，以符合中國市場的需求。無錫團隊眼中的中國顧客願意比印度顧客多付點錢，換取一定水準的產品功能。首席技術執行官馬希賈指出，MAC 800的介面造型與質感先進，有著較先進的軟體及內建的連接功能。

　　中國和印度兩組在地團隊彼此之間充分溝通彼此的設計構想，舉例而言，雖然中國團隊要做較大的印表機，仍然可以從印度團隊的同一間供應商取得想要的尺寸，而不需再重新客製化生產。一台售價兩千元美金的MAC 800可謂是班加羅爾產品系列的表親，它同樣具備可攜帶性、方便性，以及支援電池供電。在功能和價值等方面，也稍微可與奇異醫療售價五千美金的高階機種相提並論。（從某些方面來看，MAC 600拉近MAC 800和MAC 400兩者之間的落差，不失為一種聰明的折衷。）

　　最後一提，二〇一一年MAC 800在美國發掘了一批新的顧客群──鄉下診所、家訪護士以及基層醫師等。這類醫療專業人員無法負擔高價位的診斷器材，同時也需要攜帶便利的儀器。然而逆向創新的故事尚未畫上句點，還得等到這些新產品從新興市場逆流進入已開發國家的那一天，才算是圓滿落幕。

奇異的戰術指南回顧

一、**爭取任何機會，將新興市場的創新轉移到其他國家（戰術指南二）**。MAC系列的可攜式心電圖儀器其實並未瓜分自家的高階市場，反而藉由滿足廣大病患的需求而開創出新的市場。接著在很短的時間內，就在世界各地開發出新客源，從發達國家到低收入國家，無一不包。企業總部在背後的大力支援更能讓在地成長團隊取得比新興巨擘更好的優勢，這一點，奇異集團的確做得很好。

二、**在規範內進行逆向創新的計畫實驗（戰術指南九）**。奇異不用既定標準衡量計畫成敗，而是藉由增加審查頻率來降低創新的風險。同時，它專注於從微型試驗中學習經驗。

問題反思

一、單憑個人力量的創新領導人能達到什麼成就，企業對他的期待是否合理？

二、創新充滿風險，你的企業如何評估它的進展？

三、如果你的企業在新興市場的創新十分成功，能不能將它加以變化，以滿足全世界有類似需求的顧客？

第十一章

---◆---

百事公司，煥然一新

想製作更有益於健康的食品，就需放眼全球，在地紮根。

馬哈穆德·汗（Mehmood Khan）是百事公司現任的首席科學官，他的任務就是要為價格低廉的休閒食品找到高尚的存在價值。他曾在梅奧醫學中心（Mayo Clinic）擔任醫師，同時也是專攻內分泌學、新陳代謝與營養學的研究員。

百事的首席執行官英德拉·努伊（Indra Nooyi）對這樣的專業人才求之不得，她必須仰賴汗來完成她的野心，並達成企業「目的性績效」（Performance with Purpose）的使命。首先，這項企業使命意味著產品必須超越提供味覺與心情享受的層次，必須要能夠給人帶來健康與幸福。說得簡單些，所有的食品必須都要少油、少糖、少鹽。也就是說，人們對休閒食品的要求愈來愈高了，益發重視對健康的影響。百事公司的市場版圖遍布世界各地，如何製造出「有益」而不只是「有趣」的零食，這就是它所面臨的挑戰。

「這個野心有其必要，」努伊斷言，因為「所有的百事員工也都為人父母、子女、夫妻和叔姪親戚。而我們該如何用一種人

人都能接受的方式來施展策略呢？即便賺錢是企業的重要任務，也不能單單只想著謀利，還要思考我們對社會產生的整體影響。」[1]

如果百事公司當初對逆向創新已駕輕就熟，就更能好好地迎接這項挑戰。但是直到最近，百事仍以全球在地化做為策略，為美國開發新產品，再將類似的產品外銷到世界各地。結果，百事的成長開始遇到瓶頸，特別是在新興市場中，在地需求、口味和習慣都不是這種極度大眾化的全球產品可以滿足的，百事的品牌與新興市場的需求完全牴觸。

在本書的第二部分中，我們已逐一介紹過好幾個案例，都見到企業一開始在新興市場有志難伸的情形。在全球在地化的背景下，原本躊躇滿志的氣勢必然會踢到鐵板，舉步維艱是遲早的事。一旦設計或價格無法滿足在地市場的需求，即便是名滿天下的全球品牌，也會逐漸喪失活力。

近日，百事公司正在想辦法設計符合在地口味以及消費者需求的產品，尋找真正的差異所在，它也將因此得以掌握新興經濟體更多的商機。不過百事公司的行動還不只如此，它發現針對新興市場需求所做的功能創新，很可能會造成世界性的影響。一旦創意的構思與行動開始從多方角度蔓延到全世界時，會帶來相當有趣的結果。「獨白」變成「對白」，「創新」孵育出更多創新。舉例而言，百事因此發現了新興市場裡某些被「死忠支持」的食材，例如印度人愛吃的扁豆，就成了拓展休閒食品市場的新靈感。再者，美食佳味傳天下，例如亞洲的美食熱，也正在西方廣泛蔓延。

本章將介紹百事公司如何透過它的「菲多利」（Frito-Lay）休閒食品部門達成逆向創新。我們將特別研究「Aliva」這個專門為印度市場研發的新口味香辣脆片（這是百事第一次生產的脆

片食品）。百事的逆向創新除了仰賴研發產品的在地團隊之外，還有全球組織的強大支援，同時他們確保了創新的燃料──包括產品的構想、調味與成分、行銷專業、包裝材料、製造方式等──都能夠暢行無阻地在組織的各個角落派上用場。

將健康科學帶進休閒食品

馬哈穆德・汗樂於從事之前多方位的工作，他因而發展出多方位的心智。在進入百事之前，他曾經踏進製藥產業，致力於研發安全又有效的減肥藥。早在肥胖發展成一門成熟的附屬醫學專業、或是一個刻不容緩的大眾健康議題之前，他已經是位肥胖問題的專家，精通肥胖對健康造成的各式各樣負面影響。

汗曾在武田製藥北美公司（Takeda Pharmaceuticals North America）工作，那是日本最大的製藥廠的部門，成立於一七〇〇年的武田當時正在研發一種抗肥胖藥，和汗曾做過的研究相當類似。

大型製藥公司要研發新藥，曠日費時是很正常的情形，失敗亦常在十之八九。汗當時在武田工作不久之後，就被提拔到非常資深的研發部門。他與首席執行官武田正式面試時，這位身為創辦人直系後裔的主管這麼說：「告訴你，我們公司有總裁的時候，你們國家都還沒有總統。」

「他說得一點也沒錯，」汗回憶著，「這完全就是武田的企業文化。」在武田的工作經驗讓他學習到「企業領導人必須珍視傳統，還應該要放眼下一個十年，而不是只看下一季。」[2]

這一切的歷練都一步一步引領著汗從一位醫生蛻變成企業領導人，他的企業領導方針也融合他當醫生時的所有歷練。

人們日漸重視兒童與成人的肥胖問題，美國人更是格外在意。通常針對這問題的討論都會導向公共健康政策方面，因為大家早就知道零食和身心的健康與健全不太扯得上邊。然而，汗卻發現，如果創造出新的零食選項，也就是健康的零食，那麼前所未有的巨大商機就等在前方。

「消費者與我們的產品之間共有三種層面的互動：心理層面、膽識層面以及新陳代謝層面。」汗說。一般來說，食品與飲料公司只會著重在第一種層面，品牌、市場行銷和產品給人的印象分數。「新興市場是我們將來最主要的顧客來源，當我查看此處的問題所在時，我想問的是：我們的產品對人們的膽識層面有什麼影響？對人體有什麼影響？忽略這些影響就等於是自我耽溺，不思權衡。」這並不代表自我耽溺就是無能，而只是說，適時調整口味實在有其必要。正如汗很篤定地斷言：「如果我們容不下不同口味的存在，那麼市場也容不下我們的存在。」

成功的墊腳石──香脆玉米棒（Kurkure）

就在百事公司已準備好要開始研發Aliva時，汗便對百事過往是否曾經有過「成功的逆向創新經驗」產生了好奇──無論百事是否理解到自己的所作所為就是逆向創新。他在印度找到了這樣的例子。

那是一款名為「Kurkure」（在印度語代表「酥脆」的意思）的點心，用扁豆和米做成，自十多年前推出以來，如今已是印度菲多利單包銷售數量第一名的產品，而且它的銷售量已經超越了在印度有一百年以上歷史的吉百利（Cadbury）和布列塔尼亞（Britannia）這兩個厲害的競爭對手。汗說，百事公司從香脆玉

米棒的經驗裡獲益良多，「Kurkure由印度人發明、在印度誕生，這與百事公司的慣例大相逕庭。」

曾經，新興市場熱切地渴望購買發達國家的產品。但是這段時間下來，人們訴求的是在地出產的產品，同時還保有發達國家的品質。而香脆玉米棒的問世正好證明了：創新不一定起源於高高在上的地方，而是位於底層，從了解顧客需求萌發而成。

為了了解顧客需求，必須從正確的市場調查開始做起。「慣行的市調作法會詢問消費者對於自家產品的看法，」汪說，「但是這樣問不出顧客真正的想法，你只能得到一些後見之明。我們要的是有前瞻性的見解。現在，就在新興市場如法炮製吧，這裡的顧客所遇到的問題截然不同，也需要截然不同的解決方式。」

當時遙遠的紐約總部所關注不到的，「Kurkure」卻得以掌握並瞭若指掌，還將之納入其研發核心。以下請見各種印度市場的根本轉變：

- **印度生活型態的改變。** 傳統上，印度的中產家庭會在午茶時間享用手工製的休閒食品，但是，現今印度的許多雙薪家庭因為忙於工作，早已沒有那麼多時間自製點心。所以，愈來愈多的消費者對於點心的優先訴求就是要現成並且方便。
- **當地的調味偏好。** Kurkure從裡到外都跟風行美國的奇多（Cheetos）很類似，都有著彎彎的造型、口感酥酥脆脆，並添加起士調味。但雷同點僅止於此。印度人喜歡有著濃厚複雜風味的鹹味點心，也偏愛多種調味和口感同時並存。相反的，西方國家的消費者（尤其是美國人）喜歡吃只有純粹鹹味、甜味或單具脆感的點心。如今的Kurkure提供綠酸辣醬、番茄辣椒等六種當地人喜歡的口味。

- **添加物取材當地。**不同於玉米做的奇多，香脆玉米棒的主原料則是扁豆和米。依據汗的說法，不起眼的扁豆其實富含蛋白質，其含量是其他穀物遠不能及。扁豆是以素食為主的印度大量栽植的作物，除了含有近百分之三十的蛋白質之外，它還有低脂、高纖、富含微量營養素與碳水化合物等特性，因此非常適合做為健康休閒食品的添加物。

- **說出印度的心聲。**穆喀維立（Gautham Mukkavilli）是印度菲多利食品事業的領導人，他認為香脆玉米棒的標語在印度語的意涵基本上就是「嘿，它不是最完美的，但它屬於我。」[3]穆喀維立認為這就是「產品的真相，同時也是印度的真相。」他說，印度如今已有足夠的自信心，能夠接受自己的不完美——「這就是我們的樣子，你要就接受，不要就拉倒。」這樣的心態在檯面上你無法察覺，但普遍見於一般市井小民的街坊生活中。

　　另外，由印度團隊一手創新的香脆玉米棒不僅瞄準印度的消費者，對百事的全球產能也大有助益。例如它解決了香脆玉米棒的生產流程中一個棘手的技術問題：以扁豆為主的麵糰很難用奇多製造玉米麵糰的壓出器擠出來。汗說，要解決這樣的問題，「就需要全球團隊。」

Aliva的故事

　　從香脆玉米棒的故事中，汗充分了解到百事公司有能力專為印度市場量身研發一款新點心，而且售價也可以藉此重新定位。印度的團隊構想出Aliva，結合油炸的鹹味（好玩！）與烤過的脆片（健康！），想要讓它的人氣勝過香脆玉米棒，並且粉碎人

們認為健康零食都很無聊的刻板印象。

　　Aliva可以用扁豆和小麥做成，也能夠以烘烤取代油炸，而且不含反式脂肪或膽固醇，形狀做成捲邊的倒三角形也沒問題。Aliva主打年輕的成人消費者，「帶來有如周末假期的輕鬆快樂，好比周五下班後的解放」就是這個品牌的核心精神。總而言之，Aliva是一款既便宜又隨處可見的健康零嘴，也是汗和百事公司的創新成績單。

打造一個理想的團隊

　　Aliva的開發計畫由維亞斯（Vidur Vyas）管理，並由一組小型的在地成長團隊來進行。維亞斯之前在高露潔棕櫚（Colgate-Palmolive）待過，在這更早之前曾經擔任過埃森哲（Accenture）的顧問。維亞斯再加上另一位研究人員，就是這組團隊所有的全職「員工」了，其他的成員皆來自一個被稱作是「夢幻團隊」的區域性或全球性專家。菲多利印度市場行銷部門主管迪皮卡・瓦里亞（Deepika Warrier）對這個團隊讚譽有加，所有人都認為他們都是全公司最優秀的人才，顧問公司所能提出的最佳建議也不過如此；這個團隊囊括所有相關的部門，包括行銷、業務、經銷、生產、調味、包裝和設計等。「百事公司有著連接全球與在地的非正式網絡。」瓦里亞如是說。[4]

　　要組織起這樣一個結構鬆散的團隊與資源並非易事，但維亞斯仍然堅持必須要推動跨部門合作。而這樣產品開發案也的確得到區域外的援助，背後最大的功臣就是身為首席科學官的汗，他讓Aliva團隊在關鍵時刻有求必應，包含以下這幾件事：

- **生產技術**。舉凡像製作理想的脆片形狀與質地、確保餅體不

易破損，以及建立新的烘培系統等種種的技術，在地成長團
隊對此還是力有未逮。

- **標準化的包裝技術。**團隊專為 Aliva 設計了一款包裝袋，但
  過程當中遇到一些困難，需要全球組織的多位專家協助才能
  解決。
- **調味技術支援。**百事公司讓一組全球的調味專家與 Aliva 團
  隊保持合作，為印度市場調配在地口味。

失敗為成功之母

　　從 Aliva 計畫的開端一直到二〇〇九年上市，總共花了將近
四年的光陰。由於計畫蘊含著不確定因素導致遲遲無法被評估過
關，來自企業內部的憂慮確實無從迴避，因此，Aliva 必須要自
立自強，證明腹中計畫確實有資格順產。這個過程真可說是創新
之路多崎嶇，只好兢兢業業照步學。

　　最使人頭疼的一項挑戰便是包裝。包裝對於休閒食品的品質
表現極為關鍵。大型休閒食品品牌之所以會誕生，就是因為零食
早已跳脫了桶裝常溫儲存的時代，而如今 Aliva 也必須將包裝做
得獨一無二，與它獨特的脆片形狀那般無人能敵，同時傳達出健
康與快樂的概念，不僅如此，包裝還得表現出內容物的形狀、質
感以及製造過程（烘培），並且刺激人們的購買慾。

　　Aliva 的包裝包含許多項創新元素在其中，用的是全新的原
料，以及全新──未經實驗的──機制。瓦里亞說，這任何一項
過程他都從未嘗試過。設計時，需做出平整的袋底，好讓它可以
獨立站穩在貨架、桌子或櫃檯上，這一點與美國典型的零食包裝
袋迥然不同。因此勢必得選用比一般塑膠袋更硬挺厚實的材質，
結果他們發現，質地愈粗糙的袋子愈好用，貼合的材料只需兩層

即可，不用到三層，如此一來不僅更節省成本，還更環保。

　　此外，包裝規格必須要能配合當地基礎建設的一些限制。因為印度鄉下的零售網絡十分廣大，所以易腐壞的貨品要上架通常要花上很長的一段時間，而脆片食品比起其他種類的點心又更容易腐壞。因此，Aliva的包裝不僅要能保護內容物免於破碎，還得要防腐。關鍵就在於設計出一款堅固耐用、不透光的密封包裝袋。

　　為了滿足這種種的複雜需求，瓦里亞和他的團隊著實耐著性子度過了一段刻苦的時光。Aliva的包裝袋是同類型產品當中的新發明，因此無論是包裝結構或製造過程的每一個元素，都必須從零開始設計，或者經歷後續無數次的修改。一開始，新包裝機制十分棘手，前幾次的小規模試製看不出問題，但到了二〇〇九年五月Aliva正式量產上市時，問題隨即接踵而來，尤其包裝袋頂端的熱封部分問題最大，因而必須另外改用新的材料。這需要一群懂聚合物（polymers）和貼合技術（lamination）的全球專家伸出援手。

　　此外，前方還有同樣令人激惱的挑戰。因為Aliva是單純靠烘培的食品，這項技術之前只有在百事的墨西哥區域第一次被使用過，所以為了學習如何穩定運作，瓦里亞的團隊需要花一段時間摸索，並且接受技術指導。最後，團隊熱切地渴望創造「倒三角形」的脆片，這種特殊且重要的形狀設計能夠傳達品牌價值，意味著速度、刺激和品味，同時倒三角形捲曲的邊緣則代表著健康。然而，脆片在設計的初期很容易破碎，在數不清的失敗之後，他們終於成功做出改良版──不僅減少破碎率，更融合了討喜的質地。

　　但是，若說起為何Aliva的催生過程會面臨種種不尋常的阻

力，那麼肯定是因為它多次選擇走上全新道路的緣故。百事公司
耐心地經歷這一切必要的實驗過程，這一點十分值得讚揚。光是
包裝袋的測試就來來回回做了好多遍，另外，烘培系統和餅體結
構也已做過不知幾回的實驗。

耐心等待的代價

的確，產品上市都需要各方付出極大的耐性全力配合，包括
瓦里亞籌組的在地成長團隊、地區組織，以及百事公司本身。雖
然過程當中會遇到多次的生產陣痛，拉長了研發周期，但到頭來
一切都會值得，Aliva也跟著愈來愈被寄予厚望。穆喀維立說，
一旦產品到位，它便成為整個企業的強心劑，因為它很可能發展
成未來的大型商機。好比香脆玉米棒如今已擴展成多樣化的產
品，人們也將視它的成功為衡量Aliva的一把尺。

在產品上市後，一些度量標準竟羈絆住了團隊的績效，儘管
它們看來都很合情何理：提升能見度、試賣的反應、試賣後的回
籠等。「我們明白新產品都會經歷一番高低起伏和興衰變化，」
穆喀維立說，「二〇一〇年的時候，我們曾說過，對於組織裡的
每一個人來說，Aliva絕對是場一定要贏的仗。我們還說，大家
必須設定一個自己與Aliva有關的目標，也就是『告訴我，你打
算做些什麼來讓Aliva贏得市場。』」

在愈挫愈勇的Aliva團隊心中，燃起了一股熊熊的競爭之
火，它們想要超越香脆玉米棒，比它更快獲得成功。在二〇一〇
年中期，團隊就已經在某些部分表現得非常搶眼，但仍然有較弱
的面向。根據瓦亞思的說法，Aliva之前設定第一年的延伸目標
是超越香脆玉米棒百分之四十，而後來的預計達成率也被認為會
「約略勝出或打成平手」。

　　穆喀維立則預期 Aliva 在國內外的市場都會有斬獲。即使市面上的脆片餅乾種類繁多，各自添加獨特的印度香料，但 Aliva 具有多層次的口感，還有著印度人喜愛的鹹香風味，它後端的烘培生產技術更是走到哪裡都會受歡迎。因此，穆喀維立認為 Aliva 無論在「駐足購物式」（Stop & Shop）的超市或者「7-11」便利商店，都能讓西方人趨之若鶩，這樣的想法未必是天方夜譚。

百事的逆向創新食譜

　　努伊的野心遠遠超出 Aliva 這一項，她的目標是完全掌握新興市場的成長機會，為此，她要建立一個能夠固定實踐逆向創新的公司，首先要將權力與金錢等資源轉移到新興市場來。努伊進行了組織調整，讓逆向創新的主管都直屬於她，不再像以前一樣直屬於國際事業部門，同時，她還增加了對新興市場的投資，更依據以下四項核心原則，將逆向創新的架構制度化：

　　一、用全球力量進行在地創新
　　二、平衡在地自治與全球權力
　　三、將一地的創新經驗應用到其他地區
　　四、建立系統與流程，串起上述的第一到三項

本地紮根，全球奧援

　　儘管香脆玉米棒和 Aliva 都由印度本地團隊發想與執行，但百事公司的全球專家仍必須給予協助，企業本身也必須提供資源給他們。瓦里亞形容百事公司有著高度流動的「非正式資源網絡」，足以串連在地與全球的資源，維亞士也對百事公司高度合

作的文化讚譽有加。百事之所以具備這些特質,都是因為它有一套獎勵制度。比方說,整個Aliva團隊——除了印度在地成長團隊,還要加上全球組織貢獻的包裝、烘培和調味專家等資源——的通力合作,最終贏得了二〇一〇年的百事行銷創新獎。要不是有這些獎勵,想讓在地團隊和全球組織一起跳雙人舞,可真是難上加難。

在地與全球的武器能夠流暢地相互搭配、巧妙運用,卻為Aliva帶來了另一個問題:Aliva的成功究竟是誰的功勞?身為首席科學家的汗被問倒了,因為他無法指出是哪個單一的個人使計畫成功,他只能歸功於整個團隊,最後他說:「告訴你Aliva計畫的主事者是誰吧,就是百事公司。」

框架內的自由

在地與全球的權力界限該如何畫分,這一點汗再清楚不過了。一旦某個地區決定要發展一項產品,那它們會有這樣的自由可以放手去做,但這份自由會被限制在框架內:「如果你需要投資一項本土產品,就必須要動用自己的預算,不需要跑到總部來(徵求同意)。」公司唯一的條件就是產品必須符合全球品牌的水準。不過,在限定的範圍內,在地團隊可以有很充分的自主權來做決定並採取行動。

另一方面,過去汗曾經整編出一個法規和工安團隊,負責全公司的法規和工安事務。這個團隊到現在仍直屬於他,而他再直屬於最高執行官英德拉‧努伊。「工安部門的直屬長官除了透過我到努伊那一層之外,不該有另一個與業務營運相關的直屬長官。這件事我不會分權。而且我也不能仰賴背負業績的業務主管或掌握損益表的財務主管做這件事。因為工安就是工安!」

另外，新烘培技術的指導團隊與在地成長團隊之間，彼此的權限也是涇渭分明。「我們有一個專擅烘培技術的全球團隊。」汗說。每當各地區的產品需要協助時，它們會派專家去支援，就像支援 Aliva 團隊那樣。「但是技術團隊不會去干涉在地團隊要烘培些什麼。」

技術的公開與轉移

新點心的基本食譜或者生產技術到底可以公開與轉移到什麼程度呢？只要扁豆點心的調味很符合在地口味，還有什麼理由阻擋它跨出印度呢？

有個技術公開與轉移的好機會，那就是米糠油。在印度，心血管疾病的罹患率居高不下，因此百事公司想尋覓其他選項來取代棕櫚油，儘管這是一種廣泛使用於零食的食用油，但相對富含飽和脂肪。菲多利的許多國際部門都已經改用葵花油，但是所費不貲，且要從印度取得頗有難度。於是乎，被認為對心臟有益的米糠油便脫穎而出，成了最佳的選擇。再者，印度盛產稻米，因此米糠油的取得成本相當低廉。

米糠油搖身一變成為菲多利在印度最成功——同時也是最純粹——的逆向創新。因為它不僅開發於印度本地，還打入非洲、中東，以及其他亞洲國家等市場，這些地方的葵花油相當昂貴，而且消費者的收入也偏低。

從以下這個全球組織支援在地調味技術的例子，我們可以看到各種意見在內部進行雙向交流的樣貌。在達拉斯任職的伊潘・喬治（Eapen George）當時與汗直接合作全球計畫，負責團隊運作的他仍然能夠抽身協助維亞士推行 Alive 的上市工作。（維亞士也曾恰如其分地指出，他與美國調味團隊保持「密切的合作」。）

其實菲多力印度不乏自己的在地調味專家，但進行雙向交流可以讓印度向全球取經，全球組織也能從印度身上學習，這就是所謂的對話，絕非獨白！正如維亞士從喬治那端獲得的豐厚益處，喬治亦憑藉著全球資源的加持，而能夠從本地發掘出值得別處市場借鏡的創新口味。

將系統與流程制度化，以便支援創新

百事公司採取了一些額外的步驟，以便確保公司可以定期挹注全球資源給在地創新，還能取得全球管轄與在地自治之間的平衡，更可以將創新跨越到其他地區。以下就是百事的行動：

建立資源分配的原則。許多企業都被迫追求短期績效，然而，應該要預留一些空間來造就未來的事業，才能進行逆向創新。這是個如何取得平衡的課題。對此，百事已經研擬出所謂的70／30法則，這是一套可以滿足兩者需求的資源分配公式。針對非常有潛力開啟下一個事業版圖的計畫，公司要求創新與執行人員花三成的心力、專注力和投資在這類全新且仍需觀望的構想上，而剩下七成的開發精力則必須全數花在既有的全球策略和優先排序上面。績效的優劣將會根據這70／30法則來進行評估。

制訂特殊的獎勵制度。資源分配的規則一方面需要嚴謹地遵守，一方面也需要有點彈性。舉例而言，企業已經建立了獎勵制度，來鼓勵像是降低產品鹽分和糖分、增加穀物和纖維比例的這類計畫，同時，被公開與轉移的在地創新，最好也一併保持追蹤，並給予獎賞。

打造分享知識的機制。如果員工想要加速推動創新技術的公開與轉移，就必須了解如何建立並追求最有指望的構想。百事公司曾經起草過許多機制，讓知識能夠分享、散播，包含：將科學

家們在已開發與開發中國家之間輪調（也於食品與飲料等不同部門之間輪調），以及定期舉辦全球線上食品暨飲品研發高峰會，分享最佳實踐的經驗。

　　努伊已妥善設計好一套高效能的系統，確保全球資源能夠充分支援在地的創新，在此之下，對於哪些在地創新可以推廣到全球，也有一套清楚明瞭的規範。從在地走向全球的這番變革絕對是企業有意要追求的目標，只是時間早晚而已。

百事的戰術指南回顧

一、**讓在地成長團隊藉由精心維繫的夥伴關係，援引全球資源（戰術指南八）。** 百事公司曾經仔細地權衡著中央集權與地方自治，並且培養在地與全球團隊之間的夥伴關係。一旦逆向創新有所成就，光芒並不會集中於單一個領導者身上，而是所有曾經參與貢獻的在地與全球夥伴，共同分享榮耀與獎勵。

二、**商機成長在哪裡，人力、權力和財力就跟著挪到哪裡（戰術指南四）。** 百事的首席執行官努伊曾經明確的揭示未來新興市場的成長。舉例而言，她讓開發中國家的主管直屬於她，而非直屬於各國的執行高管。另外，努伊還加碼投資新興市場。同時，她以體制化的方式確保外來的資源得以滋養逆向創新。如今的百事公司獲得的定見即是──已開發與開發中國家市場成長的腳步愈來愈靠近了。這番定見亦存在於努伊的心中。

問題反思

一、你的企業對於「全世界人們的基本需求都相同」和「製造統一規格就能適用全球」這樣的概念，有多深信不疑？

二、你的企業是否已準備好，要信任由來自低收入國家的領導人負責高風險的實驗性事業？如果還沒，要怎麼做才能讓你產生信任？

三、你的企業裡握有最高權力的人在哪裡駐任？這樣的權力部署如何影響構想、知識與創新在全世界流通？

第十二章

健康夥伴組織
在健康護理領域的激進創新

開發中國家的醫學可以增進已開發國家的健康。

米格爾驗出自己感染了 HIV，但是他並不把這當作一回事，甚至沒有回診，因為，他正面臨更急迫的問題。米格爾在一個堆滿街頭垃圾的簡陋小木屋長大，父親是個酒鬼，母親在米格爾國小輟學不久之後就離家出走了。他在萬念俱灰之下，開始靠性交易謀生，男女嫖客都接。

米格爾的父親過世之後，他也自組了家庭，還是住在那個木屋裡。他靠打零工維生，而且無時無刻都面臨著斷炊的危機。接著，他生病了，病得非常重。米格爾心想，自己來日不多，因此加倍拼命的工作，哪怕能為家裡多掙一分錢也好。如此一來，他的免疫系統開始變得很脆弱，所以才染上了肺結核，在他妻子的督促之下只好去求醫，結果，他驗出了 HIV 陽性。跟米格爾同樣悲慘的，還有貝娜黛特。那年她才二十七歲就被驗出 HIV 陽性，她相信是被她已經過世的丈夫傳染的。貝娜黛特只有小學畢

業，從來沒有工作的機會，只能仰賴政府的殘障救濟金過活。從小到大，她都一直活在家暴的陰影下，包括她現任的伴侶也是加害者。而她自己的女兒今年才十五歲，就已經懷孕了。

　　然而，人生總是變幻莫測。米格爾出生在秘魯利馬郊外的貧民窟，貝娜黛特出生在美國。出生地讓貝娜黛特占了最重要的優勢。波士頓有世界上醫療人才最密集的區域，離她的住處只要走幾步路就到了。貝娜黛特享有全額的藥物保險，還有為她進行基礎醫療的 HIV 專業醫師，和兩位社工員共同照顧。有了這些醫藥的幫助，讓原本只能坐以待斃的她變得能夠與 HIV 共存。

　　但是，死神仍舊徘徊在貝娜黛特的眉梢。HIV 的抽血檢驗主要是為了觀察 CD4 的細胞數量，那是 HIV 主要摧毀的免疫系統。從 CD4 的數量可以精準判別 HIV 惡化的狀況。一個健康成人的 CD4 數大約有一千個左右，而當時，貝娜黛特的體內只剩下四個這樣的細胞，等於所有的免疫功能都喪失殆盡。她瘦到只剩下三十八公斤，任何一點點小感染都能讓她一命嗚呼。即便是最先進的醫療也救不了她。

　　但是，其實貝娜黛特最需要的並不只是醫療照護，而是整體生活的改善。一個懂得在資源匱乏的國家用創新的方式行醫的醫生，才是她真正的救命仙丹，就好比當時，秘魯的米格爾也因為這份援助而燃起一線生機。而貝娜黛特也真的盼到了那顆救命仙丹，是一位叫做海蒂‧露依思‧貝佛洛茲（Heidi Louise Behforouz）的醫生給了她一線曙光。當時，貝佛洛茲的創新醫療模式是由健康夥伴組織（Partners In Health, PIH）位於波士頓的全球健康中心所開發的，這個創新模式海地和秘魯也曾經採用過。全球健康中心的任務包含帶領當地的工作成員，並且為波士頓當地的病患提供服務，就連最被邊緣化的 HIV/AIDS 帶原者也

不例外。（編按：HIV 是指愛滋帶原者，而 AIDS 則是指已發病的帶原者。）不到一年的時間，貝娜黛特的 CD4 細胞數量就增加到接近三百個，而且體重還增加了二十七公斤。[1]

是逆向創新拯救了貝娜黛特的生命。

身為醫生的事業抉擇

貝佛洛茲在波士頓就讀醫學院的第二年，成績掉到了谷底，她是故意的。她從以前開始就一直心心念念著要幫助窮人，為了這個達成願望，她發自內心地選擇唸醫科。但是，貝佛洛茲卻發現自己並沒有朝著這個願望前進，自己所受的醫學訓練反而在將目標愈推愈遠：「當時我考慮請一年的長假，到伊朗和當地的遊牧部落一起工作。」[2]

結果，是保羅・法默（Paul Farmer）改變了她的想法。這位傳染病專家在貝佛洛茲受訓的波士頓布萊根婦女醫院駐診，同時，他也協助海地的偏鄉貧民運用創新策略與治療計畫，推動健康夥伴組織的工作。海地的中央高原坎蓋有一間法默出力打造的地方小診所 Zanmi Lasante（海地當地語言為「健康夥伴」之意），他花很多時間在此處診療，而這種生活型態剛好就是貝佛洛茲熱切渴望的。

當貝佛洛茲聽到法默向她開口邀請：「來和我們一起工作吧，」她一口就答應了。法默招募當年哈佛醫學院的同窗、實習夥伴和住院醫師，共同來分擔海地的工作。他在布萊根婦女醫院服務多年，偶爾也曾利用醫院的資源和專業來幫忙海地的病患。但是，健康夥伴在波士頓本地——或美國的任何地方——都沒有類似這樣的海地援助計畫。

　　事情很快就會有轉機。貝佛洛茲明白自己正身處這股轉變力量的核心。這個名為預防與醫療照護的計畫中心就位於波士頓的多塞特郡，貝佛洛茲不僅是共同創辦人，也是計畫主持人。她可以採用在新興國家用過的方法，並把它應用到美國的主要城市，如此一來，便算是成就了逆向創新的完整循環。

海地所教我們的事

　　「世界上充滿了悲慘的角落。但是你若只憑空想，或在想到的時候捐點錢，你並不會活得比較心安理得。」這段話摘自普立茲獎得主啟德（Tracy Kidder）的《愛無國界》（*Mountains Beyond Mountains*）一書。這本書對法默醫師這個人，以及他在健康夥伴的經歷，有著深入的描寫。[3]

　　海地是世界上最貧窮的國家之一，而且在任何一種悲慘排行榜上，它都名列前茅。法默並不是那種只會捐錢的人，一九八三年，他從杜克大學拿到人類學學位畢業之後，第一次來到海地。他在杜克大學讀書的時候，就研究過海地的農夫，他們在北加州附近的菸草田裡含辛茹苦地勞動著。當他愈深入研究這個國家和它的人民，就對它愈感興趣。漸漸地，他建立了一個觀點：「海地人是受迫者中的受迫者，也是貧民中的貧民。」

　　就在這段時間裡，還發展出對醫學的興趣。他申請就讀醫學院，希望能夠成為一位醫生與人類學家。因為哈佛醫學院是少數承認雙學位的大學，這就是法默提出申請的原因。就在他一九八三年去了一趟扭轉命運的旅行之後，啟德寫道，「〔法默〕想到該如何確定自己的志向，就是到海地去當醫生，同時也當人類學家。」

　　法默來到海地，很快就融入這裡，而且對於不正義的事情，他的反對立場也變得更堅決。如果有人無法獲得生存的基本條件，包括居所、食物、飲水，和醫療照護等，法默會為他憂慮到寢食難安的地步，這一點啟德也在書中如實地描寫出來。有句名言「組織是人影子的延伸」用來形容健康夥伴組織正是恰當。法默對抗不義的決心形塑了健康夥伴的組織任務和精神，其中包含三個核心價值：

　　第一，窮人也應該同等地擁有高品質的醫療照護權。

　　第二，醫療行為必須考量當地社會脈絡，因為患者的生活會受到全面性的影響。醫生們必須學習與醫學無關的議題，例如貧窮、飢餓、公共衛生和種族主義等，才能真正使病患重拾健康。

　　第三，社區型的醫療照護不僅可節省慢性病的治療成本，還可能創造出意料之外的好結果。

　　當年法默初來乍到，坎蓋正龍罩在結核病的傳染風暴當中。結核病有藥可醫，但是費時很長（通常需要數個月）。如果療程被中斷，病情不只會被忽略，通常也會變得更加嚴重。未消滅的病菌常常變得有抗藥性，一旦如此，治療方式就只剩下少數幾種選項，而且還所費不貲，取得也更加困難。在更糟的情況下，有抗藥性的病菌還可能傳染給其他人。

　　法默很快地發現，與其給再多藥物，不如對症下藥，才能讓治療奏效。即使病患獲得了藥物，還必須按指示服用才行。但是，病患常常都做不到。法默為了了解箇中原因，便從人類學和醫學的雙向角度展開研究，結果他領悟到，為了治療一個病人，醫生必須了解比疾病更廣的面向，也就是說，一個醫生必須對病

患的生活有所了解。

　　法默開始檢查病患的每一個生活面向。有哪些非醫療相關的複雜因素會影響他們的療程？他們付得起看診的來回交通費嗎？飲食與乾淨的飲水是否充足？生活環境是否夠清潔？造成生活壓力的原因何在？有收入來源嗎？是否感到憂鬱？對醫學治療是否有信心，或者相信其他的療癒力量？有哪些人與病患同住，他們的健康狀況又是如何呢？

　　法默為了推動醫療進步，參與了健康夥伴組織，無所不用其極地排除治療的障礙。而西方一貫的治療方式，就是再投以更多的藥物。這個方法在海地行不通，因為受限於醫療基礎建設的不足，而且醫生數量也不夠──雖然法默只把這當作次要的問題。

　　法默認為，非醫療的影響條件比較重要。他相信，如果健康夥伴組織想要達到更好的醫療成效，就必須提供病患食物、飲水以及衛生教育，或者往返診所的接送服務。

　　但是，這麼大的心願，要怎麼做，才能化為行動呢？

　　最後，法默發展出一套不太複雜的解決辦法。一開始先做實驗，他指派當地社區的保健工作者（或稱陪伴員）陪伴每一位病患。這些陪伴員的職責早就不只是單純確認病患有沒有按時吃藥或回診，他們每一個人都要成為促進健康的好夥伴，透過家訪了解病患的生活，再診斷阻礙療程的因素，進而排除障礙。

　　陪伴員的角色是什麼？貝佛洛茲（Behforouz）是這麼形容的：「陪伴是什麼？我們的定義，並不是在背後或當面議論病患，而是要與病患對談，當一個可以依靠的肩膀，讓他們徵詢意見，提供諮詢或提醒。關鍵就是，要和病患站在一起。陪伴員提供的是醫療和心理的支持，賦予病患追求健康的權力（empowering）而非施捨他們健康（enabling），即便病患面臨的是無人能解的

問題——例如貧窮、種族歧視、文盲或社會隔離等——陪伴員也會與病患一起面對。這麼一來，他們就可以確保病患每天都會乖乖吃藥，並且按時回診。」

坎蓋的陪伴員本身就是當地社區的居民，這一點非常重要。健康夥伴組織訓練他們了解疾病與治療方法，不過，他們真正的價值所在，是對當地生活的深度洞察力。他們對病患發揮的影響力，常常比醫生能做的還要多。

這個方法還真是出乎意料地有效——在美國，治療結核病要花上至少一萬五千美元，而且患者必須要住院才能接受治療。相較之下，法默的治療方法只需要花費一百五十到兩百美元就可以了。事實上，這次的成功也讓法默在全球公共衛生界變得聲名大噪。那是因為他認為目前全世界的健康醫療管理者不僅過度自信，還誤解了真正的問題本質，所以他毫不猶豫地起而挑戰傳統智慧。他相信，不是只餵病人吃藥，結核病就會痊癒。

金（Jim Kim）是法默在健康夥伴最早的同事，法默和他都認為，結核病的藥物治療成本會誘發新的多重抗藥性產生。內科醫生們也警告，雖然結核病多半發生在貧窮國家，但它的病菌可以很輕易地就飄洋過海，登陸到富裕國家這一端。

同一時間，在金的領導之下，健康夥伴組織的營運從海地擴展到秘魯利馬的貧民窟（而金現在的職務是達特茅斯大學的校長）。金將過去在健康夥伴的成功經驗做了一些調整，再挪用到利馬，藉由社區健康陪伴員的幫助，全面重整病患的生活，進而改善了他們的健康。本章一開始提到的馬歇爾，就是受惠的病患之一。秘魯的成功經驗也讓世界衛生組織（World Health Organization）和其他全球性的衛生團體更加堅信，健康夥伴的模式確實功效卓越。

將健康夥伴的模式帶進美國

波士頓的洛克斯布里社區（Roxbury）距離哈佛醫學院的校園只有一箭之遙，卻住著許多最貧窮的市民。一九九七年，《波士頓環球報》（*Boston Globe*）上面發表的一篇文章，喚起了人們重視波士頓治療HIV/AIDS的貧富差距問題。貝佛洛茲對這個問題非常熟悉。她在醫學院讀書時就曾做過相關的研究，結果顯示，在波士頓，愛滋病高度死亡率的地區都集中在洛克斯布里、多徹斯特（Dorchester）和其他貧窮的區域。

在當地公衛保健社運人士的促請之下，健康夥伴在一九九八年初推出了波士頓PACT計畫。（譯註：PACT意即「預防與取得照護與治療計畫」〔Prevention and Access to Care and Treatment〕）這個新計畫最急迫的首要任務就是改善HIV/AIDS的治療成功率。一開始，貝佛洛茲致力於籌組一個團隊，它必須對社區健康中心的運作模式都能完全了解，並且配合執行。對任何想要從事逆向創新的領導人來說，貝佛洛茲所採取的步驟都深具啟發意義：

一、親自到海地和秘魯去查看當地執行的第一手情形。

二、時常和法默、金以及其他幹部召開電話會議，提供建議與支持。

三、研讀健康夥伴的操作手冊、訓練大綱，以及給病患和醫師的指南手冊等。

四、聘請新的員工，這些人熟悉低收入國家的健康與生活狀況，而且有直接經驗。

五、將健康夥伴組織的核心價值融入PACT計畫當中。

　　必須一提的是，從這次知識轉移當中，貝佛洛茲體認到，健康夥伴的經驗不可能被照本宣科地複製到波士頓來。她說，「我們可以萃取健康夥伴的核心要素，然後再挪用，但是也要因應這裡不同的條件做一些調整。」

　　不過，成功仍然需要經過實驗。舉例而言，起初PACT計畫並不曉得社區健康工作者探視病患的頻率應該到什麼程度才好，所以只好從經驗當中學習，逐步調整方法，接著才制訂診療的密集程度和出院評估標準。PACT計畫總共發展出三階段的層級模式，分為按日、周、月進行病患家訪，再按標準從一個階段進級到下一個階段。健康夥伴組織的PACT面對的是波士頓這種醫療資源林立的大都會，不同於在缺乏基礎建設的低收入國家「開創」醫療照護的工作。所以，學習怎麼樣才能夠融入波士頓的醫療體系也是PACT的課題。

　　電信產業裡有所謂「最後一哩路」（the last mile）的概念。它的意思是，即將完成一件事情之前的最後一個步驟，也就是從機房的交換機源頭到終端用戶之間的連接。少了那最後一段的連接元素，前端所有的佈線與網絡對顧客而言都沒辦法產生價值。而在健康照護領域也是一樣，許多貧窮病患在等的，正是那最後一哩路。他們就住在最好的醫院旁邊，裡面有許多優秀的醫生和有效的治療方法，但他們並沒有相對地受惠。貝佛洛茲認為，PACT計畫就是這些窮苦病患的最後一哩路。然而，要落實理想卻絕對不是一件簡單的小事，許多折磨人的挑戰很快就會隨之而來。

　　在計畫開始執行不久，貝佛洛茲就發現，必須重新定位這個計畫的任務。起初，PACT計畫的定位是以社區為主，提供社區病患HIV/AIDS醫療的個案管理服務，但是一個病患可能早已有

好幾個機構和診所同時在照料，這讓貝佛洛茲很快地了解到，病患在對抗 HIV 的戰役當中，會對重覆且衝突的療程感到困惑，也會因此而降低治療的意願。更糟的是，有些療程還會屈就於成效不彰的治療方案。

PACT 計畫要做的，應該是設法「補充」現有療程，而不是取而代之。在一番費心的調查之後，貝佛洛茲改變了 PACT 計畫的方向，針對那些不吃西方醫學住院療法那一套的病患，不再做療程管理，而改採促進健康的方式。貝佛洛茲說，醫院對於能夠轉交這些病患感到喜不勝收，「這個模式我們重複施行了很多次，到現在都還只是『實驗階段』，意思是說我們一直不斷地在學習、應用並且加以調整。」

但是，貝佛洛茲後來面臨的挑戰更加嚴峻。健康夥伴組織並不將社區健康工作者定位為社工員，而是「促進健康的幫手」，是協助積極治病的人。雖然這類工作者在醫療資源不多的落後國家很受歡迎，但在美國，這卻形同在向傳統醫療體系挑釁。「以往，社區健康工作者都被視為協助病患取得醫療照護的人，而不是積極意義上的健康促進者。」貝佛洛茲解釋道。而 PACT 的服務模式則讓這些人扮演更核心的照顧者角色。但在醫療界，其實很強調尊卑有序的傳統倫理，其中最受崇敬的大概就是醫生。（近來即使是最標榜病患至上的醫院，也仍都強調醫生最崇高的地位，醫生有權定論什麼是病患的最大利益。）確切來說，醫療界認為醫生是非常重要的。然而，貝佛洛茲本身也是一位醫生，她卻認為，醫生的地位已被過度膨脹，對醫療照護的影響力已經過當了，「在美國，關注身心健全的治療方法其實沒有人真正支持，」她說。

「今天，健康照護的重點是在收拾損害健康的行為惡果，這

樣的體系應該被稱為『疾病照護』，而不是『健康照護』。我們
必須徹底翻轉這樣的體系——得了病才想到要去治療，應該要被
扭轉成『預防性醫療』。我認為，社區健康工作者應該成為健康
體系的基石。」貝佛洛茲說，一旦採取這個模式，醫生們可以
「在人們無法繼續維持身心健全的時候，再施以援手就好。與其
讓社區健康工作者成為醫師的左右手，應該讓醫生成為他們的左
右手。所以，我們必須從根本開始，改變現有的健康照護體
系。」

　　一般來說，主導邏輯有必要被徹底翻轉，因為，只有這樣，
逆向創新才能逆流而上，回去影響組織或企業的母國。而且，逆
向創新也時常帶來新的轉變——例如改變了社區健康工作者的角
色與地位。他們的角色被提升成具有積極意義的健康促進者，還
肩負著健康照護服務的先鋒尖兵。這樣的轉變從來都不容易，而
且面前還橫著難以跨越的醫界尊卑倫理。貝佛洛茲說：「人人都
問我，聘請一個社區健康工作者可以帶來多少成本效益。但是卻
從來沒有人質問聘請一個醫生的成本效益又是多少。這簡直讓我
快抓狂了。」

　　這些緊張關係都在預料之中。我們從本書的個案當中可以發
現，協助組織成功跨越這些緊張障礙，再也沒有比這更有成就的
事了。一旦PACT強而有力的治療成效開始被看見，就能贏得其
他HIV醫療單位的敬重。其實，PACT計畫之所以會推行，也是
因為一個偶然的時機巧合，當時波士頓的HIV照護組織正對那
些無法接受傳統醫療的病患束手無策，這是它們面臨最棘手的問
題，主要是這些病患沒有辦法好好地服用處方藥物，因為通常他
們都背負著各種創傷經驗、罹患憂鬱症、藥物濫用，或者被社會
長期隔離等，醫療單位碰到這類個案多半都是直接放棄。那些被

轉介到PACT計畫的病患，就是這樣的類型。

結果，PACT計畫的成效非凡——不只對病人而言是如此，對整個醫療體系而言也一樣。有了社區健康工作者的幫助，醫療補助計畫（Medicaid）——也就是PACT病患投保的主要保險公司——大幅地降低了成本。之所以能夠達到這種效果，是因為社區健康工作者很有能耐，可以讓病患乖乖服藥，一旦病患配合良好，住院的比率便大幅地降低。一項研究分析了四十名PACT病患的住院帳單，報告顯示，病患的住院天數降低了百分之三十五，每位病患的住院費用更是降低得比這還多，從平均22,443美元降至12,926美元，每位病患所省下來的錢，遠遠大於PACT計畫在每位病患身上所支付的成本—— 3,600美元。再者，他們的CD4細胞數量從145個進步到220個，也就是說，健康狀況逐漸有了明顯的起色。[4]

社區健康工作者的聘用、訓練與支援

想要讓PACT計畫的成功繼續下去，就必須做好管理，維持社區健康工作者的聘用、訓練和穩定留任。要挑到合適的團隊成員，一開始的工作角色定位就必須清楚。貝佛洛茲相信，減少醫病之間的溝通障礙，就是這些工作者最重要的任務。在她的觀念裡，傾斜的醫病權力關係會影響雙方的信任感：「社區健康工作者就是你的鄰居，不是那位穿著白袍的人士，這一點無庸置疑，工作者與你有著類似的生活經驗、相同的文化背景，和你站在同一陣線，而且，還能為你搭建溝通的橋樑——連接你和醫療照護體系之間——社區健康工作者令人受益匪淺。他們絕對具備足夠的資格，能夠將有效的藥方帶給病患，也基於信任基礎，能夠提

供病人必要的照護，同時還可以幫助他們整頓生活。」

信任，就是其中最關鍵的要素。所以，貝佛洛茲尋找的社區健康工作者人選，要與病患在文化和語言上有共同的基礎。而實際上，PACT的成員國籍也的確和它們的病患國籍一樣多。二十五個員工當中，就有十個人會說西班牙語，其他成員則會說葡萄牙語、海地克里奧爾語、烏干達語、粵語和孟加拉語等。大多數的工作者都曾經服務過貧窮國家的弱勢族群。其中還有一些人曾經是PACT的病患。「他們明白貧窮與被邊緣化的滋味，」貝佛洛茲說。

錄取社區健康工作者的標準並不是只看履歷，這一點可想而知。「我們必須真正去認識這名應徵者，我們會進行一連串的面試，透過許多次的角色扮演和個案情境演練，來實際地聆聽他們。我們就是這樣選人的。」管理社區健康工作者的團隊也是一件非比尋常的挑戰。貝佛洛茲表示，通常一個健康照護組織並不太需要深度涉入管理與醫師之間。然而她認為PACT計畫有必要積極介入：「你必須願意一直不斷地付出，讓工作者受訓，並且花時間管理他們。」雖然PACT的社區健康工作者被賦予「類專業」的角色定位，但實際上他們並不一定受過正式的專業教育。另外，也因為他們在同一個社區工作和居住，所以還可能面臨與病患相同的問題，例如托嬰問題、家暴、以及資源匱乏等。當這些問題浮現的時候，PACT的管理團隊必須要用他們的創意、彈性和支援的心態去面對。

另外，這些社區健康工作者不僅充滿說服力，也滿懷熱情、樂於奉獻，但是外界總認為他們終有一日會鞠躬盡瘁、燃燒殆盡。貝佛洛茲為了避免這樣的認知，便營造出一種開放式的討論氛圍：「我們鼓勵人們經常溝通，與同事和上司交流彼此的經

驗。我們的社區健康工作者每個禮拜都要做教育訓練或督導訓練，每次可能長達四到五個小時，這件事總讓人們很吃驚。其他的工作模式提供給員工的訓練，若一個月有一個小時就已經算很好了。」

延伸影響力

既然波士頓的經驗已經成功，但是，貝佛洛茲不免被問「接下來呢？」PACT計畫正在努力地處理其他慢性疾病——例如糖尿病。PACT與多徹斯特辦公室對面的一間診所進行合作，參酌之前的HIV/AIDS愛滋健康促進任務，調整成促進糖尿病患者健康的新任務。貝佛洛茲強調，糖尿病的治療不能只靠醫藥，還需要多方面的努力，包含營養與運動等。PACT計畫對於推廣到其他區域也不遺餘力。二○○六，紐約市政府衛生局商請貝佛洛茲將PACT計畫帶到紐約，來幫助那些最棘手的HIV患者。PACT並不只將計畫複製到紐約，而是採取「訓練訓練員」（trains the trainers）的方式，在紐約市內共二十八個醫院、診所裡進行。

但是這就有點像要把一個如花似玉的女兒嫁到遠方。對於一個凡事都事必躬親的組織來說，與病患和工作者都離得那麼遙遠，讓它們感覺有點不安。「過程中，我們更加了解其中的變數，並且學習如何掌握它，」貝洛佛茲說，「我們不希望自己孤軍奮戰，所以不斷努力將模式的精髓融入當地既有的醫療組織運作當中。另外，我們必須學習該如何進行有效的諮商，才能讓事情有所進展，這還真不是件簡單的任務。許多求救電話進來，但我們沒有辦法一邊忙裡忙外地工作，嘴裡還能一邊說：『這就是你所需要的，謝謝惠顧。』如果你無法全力以赴，如果當地組織

不願意多方投資，那麼我們這種外來之力根本很難讓事情有所改變，事實就是如此。」

雖說如此，人們對於PACT這股外來力量的需求仍然愈來愈大，不但更廣泛地運用PACT來改變既有的模式，甚至還將它整併到診所和醫院的運作當中。漸漸地，PACT也開始提供技術支援給其他醫療機構。

醫療改革的含意

隨著各界對PACT的需求與日俱增，其他地方的醫療界也紛紛展開創新模式的實驗。由此可知，世界正開始追趕法默的創新，這一點昭然若揭。如今，社區健康工作者模式已經成為美國醫療改革界一項進行中的對話，人們對於貧窮與疾病之間的連結，也獲得更深一層的認識。

舉例而言，Health Leads是一個志工組織，專門安排受過訓練的志工進駐都市裡的醫院，照顧那些因為貧窮而健康狀況惡化的病患。《紐約時報》的專欄作家大衛・柏恩斯坦（David Bornstein）曾報導過這個組織，他寫道，「〔這些醫院裡的醫生們〕現在都已經習慣將許多生存基本資源列為『藥方』的一部分，例如食物補給、房屋改善，或充足的暖氣等；再由這些志工們去『抓藥』，想辦法解決問題（還要用上堅忍的耐力），找尋可能獲得資源的管道。」[5]

不過貝洛佛茲還是擔心，這樣的試驗即便很有收穫，但還是有不可取的地方：「我接觸過不少想改變健康照護體系的組織，我發現它們企圖想修復的東西其實根本上已經破損，這就是很困難的地方。之前，我們也曾經接受過既有的模式，並試圖改變

它，但後來還是徒勞無功，這就像是給豬塗上口紅，但牠還是隻豬。我們真正要尋找的，是雖然有效但卻容易被忽略的社區型照護模式。或許因為大部分的照護服務都是由輔助性專業人員擔任，並不真的走生物醫學那一套，服務方式也不是朝九晚五那樣的運作。」

　　逆向創新從來就不會產生加乘作用。如果它有，那麼它就會紮根在發達國家，而不是在低收入國家。唯有不多走冤枉路的組織──至少做實驗時不繞路──才能成功地將逆向創新帶回母國。社區健康工作者模式就不走冤枉路，可是它在開發中國家的成長似乎比在發達國家更快速。在發達國家裡，既有的完備基礎建設反而會妨礙到它的推展。正是因為雙方的基礎建設落差非常巨大，才會使得逆向創新自然而然地這樣發展。在發達國家，採用社區健康工作者模式的比例是隨著基礎建設的汰換率而變動。

　　但是，事情仍有改變的徵兆。馬約診所（Mayo Clinic）和凱薩醫院（Kaiser Permanente）都已啟動心臟病患者的密切觀察計畫，這樣的舉動十分引人注目，因為，一向以來，心臟病患者的照護，在成本上一向很吃重，而且，在照護上所支用的非醫療成本，對病情產生的影響力也最大。現在，這兩間醫療機構都運用現場視診和遠端醫療，將有效的疾病管理帶進病患的家中，結果，不但成功地降低了醫療照護的成本，也降低了住院率，病患的健康狀況更獲得了改善。

　　我們由衷地希望這些醫療機構能夠再加把勁，將自己的影響範圍推得更遠。其實，發達國家也有許多地方很適合採用低收入國家的健康照護模式。舉例來說，一些低收入國家的醫院運用工業化生產線的概念來進行開刀流程，可以大幅地減省手術成本。我們在前面的章節裡也曾提到，印度的NH醫院和阿拉汶眼科醫

院的手術收費比發達國家的收費還要低很多（而且品質相當）。

　　已開發國家的醫療保健模式正朝著一個徹底轉變的新紀元邁進。從前，有限的醫學知識與技術侷限了我們，不過，隨著新紀元的到來，主要的侷限則會來自成本。全世界資源最匱乏的地方，反而是最有機會創造突破性發展的地方，這件事情似乎已經再清楚不過了。由此可知，逆向創新充滿無比的潛力，可以為醫療保健模式帶來轉變。

健康夥伴組織的戰術指南回顧

一、**把握機會將新興市場的創新搬到世界其他地方（戰術指南二）。** 這是逆向創新的最後一哩路，卻也格外費力。PACT計畫主持人貝佛洛茲必須徹底了解社區健康工作者模式的進程，起初的發祥地是在海地和秘魯，還經歷過一番的研究、學習、旅行、工作者的聘用……等過程。接著，貝佛洛茲要將這套模式挪用到資源豐富的發達國家，還必須保持一定的彈性，做適當的調整。

二、**在地成長團隊必須發展出一套從零開始的解決方案，和組織規畫藍圖（戰術指南七）。** 每當著手建立在地成長團隊的組織與遊戲規則的時候，絕對少不得要去挑戰組織或產業的主導邏輯。想要讓激進的目標真正實現，就一定得透過強烈且獨立的方案主張——就像海地的健康夥伴組織，或者像貝佛洛茲的PACT計畫。

問題反思

一、你的企業在開發中國家採用過哪一些創新手法,那些掌管發達國家營運的主管們是否至少有一些概念呢?要怎麼做,才能將這些創新推廣到全世界?

二、如果你的企業想要成功達到逆向創新,需要挑戰哪些組織中神聖且不可侵犯的規定?

三、在你的產業裡,「對公司有利」和「對社會有益」之間的交集是什麼?那在開發中國家裡又是如何呢?

結論

坐而言不如起而行

逆向創新不僅有潛力能夠改變你的企業，還能改變世界。

幾乎所有商業書籍的核心宗旨，都是要喚起讀者的行動。《逆向創新》也不例外。我們深深地期盼你們真的會採取行動！但是，可別低估了行動中可能面臨的困厄，如果你已閱讀至此，現在應該已經非常了解逆向創新的過程中，將會需要跨越多少難關。相關的例證我們在書裡已經提了不少，總覺得計畫的成敗還在未定之天，但失敗卻近在咫尺。

然而困難險阻也都是意料中的事。因為，逆向創新將無可避免地考驗著創新工作者的承諾、韌性與熱情。同樣地，還考驗著他們直屬上司的魄力與眼光（是否夠有遠見？），而且，企業的領導人也一併承接了這些考驗。說到底，逆向創新的旅程仍然很值得走上一遭。欲知原因，不妨聽聽這些全球企業的營運總經理們是如何描述逆向創新的非凡成就，他們都是將逆向創新戰術指南奉為圭臬的企業高層。

誠如本書提到的許多個案，之所以會展開逆向創新的旅程，是因為你的核心產品在開發中國家遇到了成長瓶頸。對於企業而言，這是個刻不容緩的問題，因為，這些年，新興經濟體正在世

界 GDP 的數字上頭角崢嶸。如果你的企業無法在低收入國家有所成長，那麼整體的成長就真的會停滯不前了。

最常發生的狀況是人們將原因歸咎到產品上，說它就只是不適合新興市場罷了。然而，發達國家的顧客需求和低收入國家的主流渴望之間，其實存在著巨大的落差。單純出口產品是無效的；你必須創新（戰術指南一）。

此時，令你更加不安的是，一個相對知名度較低的競爭對手冒出頭了，它的總部就設在新興市場，正在以比你快上許多的速度急遽成長，甚至到了開始威脅到你母國市場的程度（戰術指南三）。該是時候展開行動了。

只花一個禮拜出差到中國或印度，是無法了解市場需求的，這一點你已所有體認，因此你著手展開一番嚴格的、從頭做起的需求分析（戰術指南七）。你不僅開始質疑在公司內部深植已久的關於顧客需求的認知，還開始尋求外界專家的協助，以進行完整的市場研調。

一旦你確定自己已經真正、清楚地了解顧客想要的是什麼之後，你便籌組一個在地成長團隊，且為它指派一名領導者。這個團隊也具備萬事從零開始的心理建設，不僅從零發展出一套解決方案，連組織的構成都是從零開始（戰術指南七）。

在地成長團隊的領導人會讓你知道，團隊有不少機會需要援引全球組織的技術與資源。於是你費心搭建在地團隊與全球組織之間的良好合作關係（戰術指南八），有了這層關係，在地成長團隊的一切努力就有了過去的成功經驗當基礎，但又不至於重踏舊日的老步伐。接著，你便開始對團隊的計畫進行定期的全面檢視，幫助團隊依據一定的行為準則又快又省錢地進行必要的實驗。

　　終於，在九分努力和一分運氣的庇佑之下，新產品的上市獲
得了成功。接著，你立刻在其他國家尋找能夠複製這份成功的機
會（戰術指南二）。你發現，世界上許多的新興市場，甚至是發
達國家的邊緣市場，都能看見類似的需求。你預期會有一波「弭
平需求落差」的趨勢，並且準備在適當的時機將新產品導入發達
國家的主流市場。同時，你的計畫成功地提升了全公司的獲利。

　　在你的企業當中，並非只有你負責的產品在開發中國家遇到
成長瓶頸，這樣的情況在整個企業裡屢見不鮮。因此，首席執行
官的首要任務便是如何在低收入國家裡增加營收。就在你還沒意
會過來之前，你的計畫已然成為企業裡的成功模範腳本，一切都
發生的很快。

　　於是，你的首席執行官開始大刀闊斧地催生逆向創新。他／
她開始挹注更多資金到在地成長團隊裡，並且重新指派經驗豐富
的執行主管到開發中國家坐鎮，還調整了組織規則，讓最資深的
開發中國家主管擔任總經理的要職，並直接隸屬於首席執行官
（戰術指南四）的管轄，這些新任總經理甚至績效評估方式也和
以往大大不同，在開發中國家的績效表現會被放大檢視（戰術指
南六）。

　　除此之外，首席執行官不僅陸續推出了其他的系列產品，藉
此強化逆向創新的心理建設，還到新興國家來舉辦一些重要的年
度企業活動，更將在新興經濟體的成長視為企業的第一要務（戰
術指南五）。於此同時，你更是升遷有望。首席執行官把你叫進
辦公室談話，了解你是否有興趣想成為下一位負責中國的主管。

　　以上這些，就是逆向創新所能帶來的成功景象。把它們濃縮
在一頁的篇幅裡，可以讓事情看起來不致於像登天一樣難，但其
實凡是有新產品要上市，勢必都會經過一番未知的考驗。除此之

外，你還必須對付企業裡那些無所不在的公然反對聲浪，這還算是短期的壓力而已，你必須對付的還有那股隱而未顯的阻力，也就是反對聲浪背後的主導邏輯。這種種的障礙足以令人喪志，但只要用上一點聰明才智，便能迎刃而解……。

別忘了，還得燃燒如火般的熱情才行。

熱情乃成功之母

的確，我們曾經提過的所有企業領導人，都抱持著超凡的熱情在進行逆向創新。在他們致力於鑽研顧客從未被滿足過的需求、並改善人們生活的同時，他們更多更深的熱情正在湧現。百事公司的穆罕默德·汗就是一例，他決心不只討好消費者的味蕾，更要幫助他們降低罹患疾病的風險。再想想奇異醫療的遠大目標，它在印度的心電圖設備開發，決定以價廉物美、操作簡易，和攜帶方便為主。另外再回憶一下健康夥伴的PACT計畫主持人貝佛洛茲，她的強烈企圖便是改變以醫師為尊的醫療保健體系。

的確，在本書中，我們主要聚焦於跨國企業的內部運作，以及促進新興市場成長時會面臨的特定挑戰。儘管如此，我們仍然能夠察覺，比起其他脈絡裡的對策，逆向創新為企業和人們所帶來的利益是較為對等的。事實上，我們幾乎不可能忽視逆向創新的力量，因為它有辦法解決某些世界上最棘手的社會問題。

且讓我們拉開距離，從大方向來回顧一下——逆向創新解決的不是私人企業的問題，而是生活在這地球上的市民的問題。從這個較為抽高的層次來看，最後贏得逆向創新競賽的到底是跨國企業還是新興巨擘，這個問題也就沒有那麼重要了。

真正重要的是，這場競賽最終能為人們帶來的福祉。

　　逆向創新將會帶動巨大的改變。它將促成開發中國家的創新，在這裡，創新對人們的生活影響甚鉅。它將振興經濟，它將提升生活水準——使人們更加健康、更有機會接受良好的教育，還能增加就業機會。美國從往日的貧困走到今日的繁盛，中間經歷了許多世代的努力。如果一切順利，現在的開發中國家只需要一半的時間便能脫貧轉富。如果跨國企業能夠全力、積極地在逆向創新中衝刺，就還有機會用更快的速度讓自己富上加富。

　　實際上，跨國企業若想在新興經濟體產生影響力，必不能丟失企業的營運目標，同時還不能忘記兼善天下的社會責任。有些企業人士和學界人士會使用社會創新、兼容式創新，和兼容式成長等說法，來形容企業致力於改善窮人的生活，但我們的說法則相反。我們希望企業去做生存「必須」做的事：發現未被滿足的需求、進行創新、在市場上展開競爭，並且為企業帶來成長。這其實就是做生意的最高境界。

逆向創新的契機：蓋得起的房子

　　蓋得起的房子是開發中國家的一項重要需求，但卻未被滿足。在二〇一〇年，維傑伊·戈文達拉揚與克裡斯蒂安·薩卡爾（Christian Sarkar）在《哈佛商業評論》上發表文章，提出為窮人建造三百美元住房的遠大構想。（www.300house.com）結果，人們的反應出乎意料的踴躍，許多深思熟慮的專家學者紛紛加入，也捲動了更多人無償地前來貢獻心力。

　　三百美元造房計畫足以為世界上數以百千萬最赤貧人們的生活帶來轉機，它使陌生人結為鄰里，把貧民窟變成社區。即便是用三百美元這麼低的價格所搭建而成的房子，其中現代生活的基

本配備仍然相當充足，自來水、電力等，一應俱足。更重要的是，造房計畫會形成「社區」，人們藉此得以共用電腦、手機、電視、淨水器、太陽能板與木燃灶爐等設備。如此一來，窮人們便有機會翻身、脫離貧困，擁有健康、安全的生活環境，甚至接受良好的教育，都因此成為可能。

改造貧民窟的構想其實早已不是新鮮事。然而過去提出可能的解決方案的，多半是非政府組織、非營利組織和政府機關——而它們都預設了貧民不可能成為顧客。這樣的預設是錯誤的。三百美元造房計畫並不是做慈善公益，而是生意上的挑戰。做生意的對象既是貧民，也是成長速度最快的客層。要滿足這類顧客的需求，必得從大規模的創新方案下手——跨國企業對這很拿手。建造三百美元的房子，並提供居民生活所需的服務，商機至少有上億美元，頗為可觀。

這項構想與我們孩子未來的發展有關。西方的孩子絕頂聰明，但聰明才智還不一定比得上一個現居印度最破爛貧民窟的孩子。然而環境的限制卻讓貧民窟裡的孩子沒有選擇的條件；西方的孩子卻擁有許多機會，可從中挑選屬於自己的道路。逆向創新代表的就是打開機會的一道門，而不只是一棟蓋得起的房子。

我們希望我們的熱情能藉由你的幫忙而散播出去。同時，我們更歡迎你提出構想，不僅是三百美元造房計畫，還有更多逆向創新所能做到的種種社會改革。

給你的邀請函——推動逆向創新，缺你不可

逆向創新的方法仍然在發展當中，這一點我們時刻謹記，也在本書的最後再次提醒。的確，當我們在研究並撰寫本書的同

時，就定位此書提及的方法為發展中的方法，而非最完美的方法。畢竟，學無止境。

舉例而言，雖然在新興市場的逆向創新成功案例愈來愈多，但唯有非常少數能夠成功逆流而上，「回過頭去」影響發達國家的母國主流市場。我們在之前的案例當中也曾提到，企業必須先突破層層難關，從解決市場被瓜分的疑慮，到克服上市時間的縮限，並做好資產組合管理等。儘管如此，我們仍相信逆向創新的完整循環和其所帶來的成效，將會與日俱增。

因此，我們在此邀請本書的讀者們一起加入我們的逆向創新者社群，在這段持續的發現之旅當中，進一步淬煉逆向創新的點點滴滴。出乎意料地，當我們剛開始著手寫這本書的時候，本書第九章提到的哈曼的羅文達主動來找我們，這使人不得不驚嘆於這段集體發現之旅的驚人潛能。羅文達曾在二〇〇九年十月的《哈佛商業評論》上閱讀到我們第一篇關於逆向創新的文章，他當時便寫了電子郵件給我們，說他剛在哈曼完成的計畫，聽起來跟我們在文章所描述的概念很類似。我們一與他詳聊之後，就立刻被哈曼所達成的計畫深深打動。羅文達很善意地同意，我們可以將薩羅士計畫的迷人故事寫出來與更多讀者分享。

如果你也在自己的企業裡推行逆向創新，我們非常希望能聽到你的故事。雖然本書中我們已提及許多逆向創新的方針與策略，但同時我們也了解，成功並非那麼容易，永遠有許多新知需要學習。

祝福各位讀者鴻圖大展，同時也期待聽到您的故事，來信請寄：vg@dartmouth.edu 和 chris.trimble@dartmouth.edu。

逆向創新工具箱

這裡有許多實用的診斷方法以及表格，
來協助你推動逆向創新

逆向創新討論指引

你可以透過以下的主題與提問，在組織裡帶起有關逆向創新的討論：

一、逆向創新的策略

1. 哪些新興經濟體是你公司的策略對象？在一百五十個低收入國家中，哪些國家具備以下的重要元素？
   - ◆ 大量的未來潛在顧客
   - ◆ 未來成長的潛能
   - ◆ 低成本技術人才導向
   - ◆ 生產製造能力
   - ◆ 實體基礎建設
   - ◆ 制度性基礎建設

◆ 社會性基礎建設

◆ 建立研發專有技術（know-how）的基礎實力

◆ 有新的潛在競爭者

2. 你的低收入國家顧客和發達國家顧客的需求除了價格敏感度之外，還有哪些最顯著的差異？請留意對產品性能的期待落差、基礎建設的可取得性與可靠性、環保生態的壓力、法令規章的限制，以及顧客偏好等。

3. 單靠改造既有產品，是否就能滿足低收入國家顧客的需求？或者，是否需要從零開始的創新？

4. 在你自己或周遭的產業裡，至今是否見過逆向創新的實行範例？

5. 最終會是哪些趨勢使得這些創新足以吸引發達國家的主流顧客？

6. 你的企業市場偵測雷達掃描到了哪些新興巨擘？它們在市場上實行了哪些創新舉動？它們可能很快就會進入你的母國市場嗎？

7. 你的資本預算是否顯示資本如何分配到低收入國家和發達國家？資本的流動是否朝向最具成長商機的區域呢？

二、逆向創新的心理建設

1. 以下哪些是你企業裡的普遍認知？（這些認知是逆向創新的絆腳石。）

◆ 新興市場與我無關。

◆ 發達國家的技術最為先進。因此創新和學習都是從發達國家啟動，再導入低收入國家。

◆ 一旦新興經濟體有所成長，我們既有的商品和服務的業績

也都會逐漸跟著成長。

◆ 既有的產品和服務可以隨時進行客製化，因此想在新興市場推行都不成問題。

◆ 想打入新興市場，最好的辦法就是將既有產品和服務降級，以降低售價。

◆ 低收入國家大部分的顧客人均收入、知識水平和負擔能力都很低，因此他們只需要舊科技的便宜產品就能滿足了。

◆ 只要低收入國家的人均收入達到一定的門檻，消費者就會購買發達國家的產品。

◆ 今天的低收入國家等於是發達國家的嬰兒期階段，將會循相同的致富模式成為富裕的經濟體。它們的發展會逐日追趕上發達國家。

◆ 贏得新興市場幾乎完全等同於提供極低的售價。

◆ 想贏得新興市場，只要產品創新就行了。

◆ 唯有其他的跨國企業才是我們主要的競爭者。

◆ 要打擊在地對手，就必須投資比它們更多的資金，或者乾脆併購它們。

◆ 因應低收入國家的特殊需求而製的產品無法銷售到發達國家，因為這些產品不夠好，缺乏競爭力。

◆ 新興市場無利可圖。

◆ 在低收入國家，我們無法達到和在發達國家同樣高的利潤比率。

◆ 產品領導和技術領導才是我們的專長。而這些都無法在低收入國家要求極低成本的產品之下達成。

◆ 全球品牌象徵著頂級的產品和高檔的品質。我們若在低成本市場裡競爭，等於冒著破壞品牌名聲的風險。

◆ 如果我們在低成本市場裡競爭，就是在瓜分頂級市場的生意。

◆ 新興市場的員工應該要致力於降低營運成本，這是他們的角色定位。

◆ 新興市場的員工應該要致力於銷售並經銷我們的全球商品，這是他們的角色定位。

2. 公司裡的關鍵決策者有多少人抱持以下的認知？（擁有這些認知代表他們理解逆向創新所蘊含的全然力量。）

◆ 想贏得新興市場，我們必須開發新的產品和新的服務，一切都要從零開始設計。

◆ 在低收入國家進行創新最終可以影響全球市場。

◆ 新興巨擘將可能威脅到我們的母國市場。

三、人才發展

1. 企業裡的資深領導團隊是否擁有適當的技能，以便在低收入國家推行逆向創新？如果沒有，那麼你們需要聘請什麼樣的專家？

2. 你的公司有沒有派駐下一代的資深領導人到海外的低收入國家去接受歷練？

3. 資深高管團隊多久造訪一次低收入國家？上次是多久以前在低收入國家舉辦企業內部的重要活動？

四、將權力和權限轉移到新興市場

1. 你的企業是否安排有直屬於最高執行官的印度CEO和中國CEO？是否有一位駐任於新興市場的CEO執掌所有新興國家的產品開發工作？

2. 在新興市場的企業領導人被賦予多少權力可以推行創新計畫？這期間他們要面對的核決流程與關卡有多複雜繁瑣？

3. 企業的前五十名高管目前駐任在哪裡？他們駐任的地理分布是否與企業的成長機會來源互相吻合？

4. 發達國家的資深領導團隊在維持既有營運的績效之外，還有多少時間可以去思考低收入國家成長機會的問題？

5. 你公司的董事會裡有幾位是在新興經濟體有資深經驗的高管？

五、計畫啟動

1. 你的公司投資多少在新興市場進行嚴謹的顧客需求調查？

2. 你在發達國家的研發團隊是否有可能辨識在低收入國家的創新機會，並且著手研發解決方案？

3. 在你的新興市場團隊當中，了解顧客需求的人（例如業務、行銷和研調單位等）與有能力提出解決方案的人（例如研發與工程部門）之間，互動有多密切？

4. 新興經濟體的研發中心是否被授權可以為自己的國家開發新產品？是否也可以為其他低收入國家開發新產品？

六、計畫執行

1. 你的企業是否曾經委派一組在地成長團隊於低收入國家，並且賦予它們全然的營運能力？

2. 如果現在有一個特定的逆向創新計畫或一個富含潛力的計畫，你將如何打造一組在地成長團隊？它與公司其他部門將有什麼區別？

3. 在你的企業裡，對在地成長團隊而言最有價值的全球資產是

什麼？團隊是否很容易就能運用這些資產？

4. 當極低成本的產品從低收入國家被導入到發達國家時，你如何避免瓜分既有市場？

5. 你的企業如何評估逆向創新計畫領導人的績效？

應用練習

以下所列舉的練習和範例表格將會大大地幫助你從坐而言到起而行。

一、從零開始的顧客需求評估

踏踏實實的逆向創新，首先就要從零開始做需求評估。你的企業對於發達國家顧客需求的既定認知必須進行一番徹底的質問。

這項工作最好透過深度的市場調查來完成。然而，為了確保預先建立起正確的心態，請嘗試以下的幾項簡單的練習：

1. 落差分析：在你的產業裡，已開發和開發中國家的需求落差何在？你能否辨識出在接下來的幾年內弭平落差的趨勢？（參見第二章關於各項落差與弭平趨勢的匯整）。

你可以填寫表 A-1 來進行需求評估。

表A-1　落差分析表

落差類型	是否有落差？	如有，請描述之。	請描述任何可能弭平落差的趨勢。
產品性能			
基礎建設			
永續經營			
法令規章			
使用者偏好			
其他			

2. 顧客心中的重要性排序：思考一下你提供給發達國家的產品和服務的價值維度，依照重要性進行排序後，再與低收入國家的排序進行比較。將這些排序填入表A-2內。

表A-2　從零開始的市場評估表

價值維度 （Dimension of value）	發達國家的重要性排序	低收入國家的重要性排序
價格		
產品性能		
品質		
可靠度		
服務		
其他		
其他		
其他		

3. **未來的成長機會**：眼光稍微放遠一點，你在上述第一題所辨識出的趨勢不僅可以幫助你預測創新的機會，最終還能將它帶入發達國家的主流市場，而導入類似市場的機會當然更多──或許是發達國家裡的邊緣市場，或者其他國家的新興市場等。而每一次的轉移你都應該重新評估顧客的需求，即便不是每一次都從零做起也無妨。表A-3可以供你記錄這些機會的細節。

表A-3　近期全球擴張工作表

成長機會	最顯著的需求差異（如有）
發達國家的邊緣市場1	
發達國家的邊緣市場2	
開發中國家1	
開發中國家2	
開發中國家3	

二、全新設計的解決方案

一旦你已徹底了解顧客需求，就可以來研擬一套解決方案。再次提醒，請勿預設在發達國家管用的方案也適用於開發中國家。

1. **從產品方面進行創新**：尤其針對許多特殊零組件所構成的實體產品，表A-4可以幫助你建立正確的心態。

表 A-4 從零開始的產品創新工作表

	零組件	發達國家的零組件再利用	內部進行客製化的重新設計	自第三方買斷
#1				
#2				
#3				
#4				
#5				
#6				

2. 用商業模式進行創新:在許多案例當中,全新設計的解決方案不僅僅意味著產品的重新思考產品,還有透過產品所傳達的價值鏈。逆向創新經常也意味著商業模式的創新。你將會從哪裡援引全球組織裡的既有資源?是會從頭開始設計呢?還是發展新的合作關係?你可以利用表 A-5 來勾勒出企業的價值鏈。

表 A-5 全新的商業模式創新工作表

價值鏈內的連結	援引發達國家的過程	在國內重新設計	在國內發展合作關係
生產製造			
銷售			
行銷			
客戶服務			
其他			
其他			

三、從零開始的組織設計

逆向創新最難的一件工作可能就屬打造一組功能健全的在地成長團隊了。為了讓你快速上手，請認真考慮進行以下兩項練習：

1. 在地成長團隊需要哪些技能組合才能成功？哪些是可以從組織裡尋找？哪些又是需要向外尋找的？表A-6可以幫助你回答這些問題。

表A-6　全新的組織設計工作表

	技能	組織內部可得的技能	需要從外部招聘
#1			
#2			
#3			
#4			

2. 現在，再思考一遍你所需要的技能組合，並指出當中哪些對在地團隊來說是最重要的技能，再對照一下在發達國家的既有組織裡最具影響力的是哪位高管。注意，逆向創新通常會促成企業裡一番頗為顯著的權力轉移，而且掌控上還頗有難度。利用表A-7來檢視這些權力不均的現象。

表A-7 在地成長團隊的權力與影響力

	技能	對在地成長團隊發揮的 影響力排序	對既有組織發揮 的影響力排序
#1			
#2			
#3			
#4			

四、依循行為準則的試驗

創新有兩種結局可以令人接受,一種是成功達到創新,另一種就是盡可能在快速又不耗成本的狀態下失敗收場。而有如歹戲拖棚般既冗長又所費不貲的痛苦失敗過程,則最不令人樂見。因此,當逆向創新開始有了進展時,你必須愛惜羽毛,盡早以盡可能節省的方式針對那些最重要的未知事項進行試驗,這樣才能夠以最少的成本學習最多。你可以利用表A-8來列舉你的創新計畫所面臨的未知事項,愈具體愈好,例如以下這幾種:

1. 你是否真正了解顧客所遇到的問題?
2. 你的解決方案是否能對症下藥呢?
3. 你的目標價格是否能刺激顧客的購買意願?
4. 你能夠抓預算抓得多準?
5. 你能不能按照預算執行計畫?
6. 你攻占市場的策略是否恰當得宜?
7. 誰是你現在的競爭對手?誰將能夠進入市場?這場競爭將對你產品的市場需求度帶來什麼樣的影響?

表 A-8　重要的未知事項表

	未知事項	不確定的程度 （從一到五）	關聯性的程度 （從一到五）	總計
#1				
#2				
#3				
#4				
#5				
#6				
#7				
#8				
#9				
#10				

現在，就請你用一到五替每個事項的不確定程度來做排序，如果沒什麼概念的話，用各自相關連的程度來排序也行。總和最高分的，就代表最重要的未知事項——如果可以的話，你應該從最高分的項目下手。

附錄 B

研究建議

逆向創新之學無止境

　　逆向創新是近年來的新現象，人們對它的認識相對較少。[1]
因此，我們選擇用紮根理論（grounded theory）來做為本書的方
法論——它不僅以田野調查為基礎，是量化且客觀的，並且是用
縱貫性的方法（longitudinal approach）。我們認為這個選擇很正
確，因為這個領域的理論才剛開始萌芽，而且，揭示新概念遠比
驗證舊假設來得有前瞻性得多。另外，逆向創新仍在發展當中，
是一種處於動態的複雜現象，需要多年的資料累積以茲驗證，無
法僅從片面窺其一二，基於這層原因，我們在研究當中也添加了
許多控制指標（methodological guideposts）。[2]

　　雖然我們的研究具有實驗性質，但基礎研究工作仍來自許多
國際商業與策略學者的貢獻，由其是來自雷蒙德・弗農（Ray
Vernon）[3]的貢獻。弗農根據美國的跨國企業經驗提出產品生命
周期理論（product cycle theory），他將美國視為戰後時期突破性
創新的核心角色，因為美國占據卓越的技術領導地位，人均收入
也獨步全球。弗農認為，創新就是由美國的跨國企業散播到西歐

和日本，最後再到開發中國家。

　　後來，歐洲和日本在技術和收入上都和美國的差距拉近，弗農便將產品生命周期延伸出去，展示創新是如何從各個方向流動在這三種市場之間（美國、歐洲和日本）。[4]我們希望能夠再次延伸弗農的產品生命周期理論，這次，我們假設創新有辦法往不同的方向流動：從貧窮國家流向富裕國家。

　　我們也吸取許多學者對於已開發國家的跨國企業的研究，這些研究都曾經說明，企業在發展全球商品之後，再客製化給在地市場，藉此取得全球生產規模與滿足在地需求之間的平衡。[5]或許逆向創新看起來是個特別的解決方案，不過，實際上，低收入國家對於逆向創新產品的需求，真的比想像中多太多了。逆向創新需要從零開始，這不僅僅只是將既有產品做些微修改而已。

　　我們秉持著這本書「實踐進行式」的精神，為接下來的新研究開啟了一扇窗，可以讓後進學者繼續將論述深耕下去，同時對書中提及的許多假設進行驗證。我們歸結出三個值得研究的方向：創新研究、已開發國家的跨國企業，以及新興市場的競爭者。二〇一一年，戈文達拉揚和拉維・拉馬穆爾蒂（Ravi Ramamurti）共同發表了一篇文章，討論這些研究主題的可行性。[6]

創新

　　逆向創新是一種特殊的創新類型。就其意義而言，一般性的創新研究都可直接進行應用。至少有以下三種方式可以將新研究加以應用。

一、要怎麼做，才能將破壞性創新（Disruptive Innovation）的理論應用到新興市場上？

　　克雷頓‧克里斯汀（Clay Christensen）在他一九九七年的著作裡，曾經以一種錯綜複雜的方式與逆向創新產生連結。[7]破壞性創新與逆向創新彼此之間有重疊之處，雖然不是完全的對等重疊，但兩者之間有部分意義和詮釋是相通的。

　　破壞性創新憑藉著自己獨特的動能對現任的贏家產生威脅。現任贏家的產品有主要兩項優勢，姑且稱為A和B（例如A代表品質，B代表交貨速度）。主流顧客多半最青睞A優勢，但也有一些小眾顧客比較看重B。而破壞性創新產品是以B為強項，A為弱項，結果就只能吸引得到小眾顧客。因為主流顧客不想要創新，所以即便現任贏家被新對手威脅，也還是容易忽略創新的重要性。但是，隨著時間過去，科技會進步，原本不強的弱項A也會變得愈來愈厲害，最終可以符合主流顧客的要求，而且，因為破壞性創新從以前就曾多少努力過增添一些B的價值，這也使得顧客更有理由選擇創新這一邊。而因為現任贏家一向以來漠視技術的創新，所以，在此刻，它們將瞬間淪為輸家。

　　克里斯汀曾經做過一份著名的磁碟機產業研究，A代表著磁碟機的容量，而B代表它的尺寸大小。他指出，新一代的後起之秀不斷推出尺寸和容量都更小的磁碟機產品，藉此威脅現任贏家的地位，一開始，主流顧客並不感興趣，因為他們想要儲存容量大又好，而不是愈小愈好。不過，隨著時間過去，小尺寸的磁碟機開始一點一滴擴充其容量，最後終於贏得了主流顧客的青睞。

　　在第二章裡，我們指出能夠為逆向創新製造機會的五種需求落差，包括產品性能、基礎建設、環境永續、法令規章和顧客偏好等落差。其中只有產品性能的落差與破壞性創新重疊。此時A

代表產品效能，B代表價格，創新技術所開發的低階產品性能一
開始只能吸引低收入國家的顧客，但發達國家的顧客則興致缺
缺。不過，假以時日，技術會進步，產品性能也會進步，發達國
家的顧客終究會開始感到興趣。我們建議，未來的研究可以做一
全面性的探索，從破壞性創新理論的實際應用，到產品性能落差
而引發的逆向創新。

二、該如何讓金字塔底層的創新從低收入國家逆向上游到發達國家？

　　已經有其他學者將普拉哈（C. K. Prahalad）的金字塔底層創
新研究發揚光大。[8]我們建議，未來的研究可以檢視哪一種金字
塔底層的創新比較有機會從低收入國家逆向上游，還有，需要透
過哪些流程來促成。以我們目前所掌握的逆向創新案例而言，大
部分的創新計畫偏向針對開發中國家的崛起中產階級，或稱金字
塔的中間階層。塔塔集團的兩千美元購車計畫就是一個例子，它
針對的就是金字塔的中間階層，而不是底層。

三、什麼樣的流程與機制使得低收入國家的創新得以影響發達國家？

　　葛瑪瓦（Pankaj Ghemawat）曾經提出，貧富國家之間存在
著巨大的差異。事實上，正是因為貧富懸殊甚鉅，才使得在低收
入國家從零開始的創新顯得如此必要。然而這懸殊的差距是否會
阻擋了創新的流動？

　　本書所提到的需求落差與弭平趨勢論，可以解釋創新為什麼
能夠逆流。我們的論點與假設等待被嚴格地檢驗，以便一探虛
實，看看是不是只有特定產業或產品才能逆流。另外，關於創新

團隊的組織機制和獎勵制度，也有待更進一步的研究。

已開發國家的跨國企業

歷來不乏關於西方跨國企業的研究，未來的研究可以從這些基礎出發，往以下提到的三個方向延伸。

四、西方跨國企業能夠向新興巨擘學習到什麼？

過往許多研究側重著墨於西方跨國企業可以指導低收入國家的在地企業。西方跨國企業確實分享過一些不錯的事物，例如改善在地採購工作；但有些影響也不是太好，例如讓當地的技術發展停滯不前。[10]

在這本書裡，我們曾提出，例如塔塔和聯想這些新興巨擘，就是激發逆向創新的動力。未來的研究方向可以著重於逆向溢出（reverse spillovers），或者從開發中國家到發達國家的知識轉移。西方跨國企業能夠從新興巨擘身上學習到什麼？需要什麼樣的獎勵機制才能啟動這樣的學習過程？

五、跨國企業應該要怎麼做，才能架構、管理在地成長團體，並且執行逆向創新計畫？

許多研究者已經發展出執行創新的概要理論。[11]這些理論不僅可以加以延伸，還能夠提煉給逆向創新計畫所用，也可以繼續支撐全球在地化。

六、西方跨國企業要怎麼做，才能跨越主導邏輯的限制？

已開發國家的跨國企業，尤其是那些成功的企業，都在新興

市場裡面載浮載沉。為什麼會這樣？因為它們的成功帶來了主導邏輯的包袱。我們曾經提過，發達國家的成功商業模式不一定能在低收入國家奏效。未來的研究者接下來可以檢視西方跨國企業的最高執行官是如何跨越主導邏輯的限制，讓逆向創新變得更成功。

新興市場企業

近來的學術界對於開發中國家的企業結構與管理愈來愈產生興趣。本書是站在發達國家跨國企業的立場寫成的，然而，也可以為低收入國家的在地企業從事逆向創新時所用，這更提示了許多未來的研究方向。

七、哪一類型的企業——西方跨國企業或新興巨擘——比較適合開啟低收入國家的商機？

在第四章的子題「連結全球資源」裡，我們列出幾項在地企業的強大優勢。未來的研究可以進行在地企業和跨國企業的優勢比較，並發展成為理論。這類理論也需要進一步以實際案例予以驗證。

八、哪一類型的企業——西方跨國企業或新興巨擘——比較適合將創新從低收入國家移植到發達國家？

西方的跨國企業似乎比較占優勢，因為它們有全球品牌、全球組織和全球經銷。這番推測仍有待未來嚴密的檢驗與評估。

九、日本與韓國企業的全球在地化經驗帶給低收入國家的新興巨

擎什麼樣的啟示？

　　一九七〇到八〇年代，日本與韓國企業帶著它們的低階產品進入美國市場，再逐漸升級到中階和高階產品，這過程已有許多人做過研究。這些文獻可以做為後續理論發展的依據，比較印度、中國和其他低收入國家如何實行逆向創新。然而，在做比較的同時，要牢記幾項重要的差異：

1. 一九八〇年代，日本或韓國在經濟上與美國的差距，並不似如今貧富國家之間的差距來得大。

2. 最大的低收入國家，也就是印度和中國，都比日本或韓國大上許多。

3. 西方跨國企業無法在日本和韓國立足，障礙來自關稅以及關稅以外的因素。因此，日韓的在地企業得以保護自己國內市場的利潤優勢，並且將這些利潤再挹注給全球在地化。印度和中國可無法享有這樣的好處。它們在國內市場面對跨國企業的競爭可是殘酷許多的。

4. 如今新興巨擘全球化的脈絡與昔日截然不同。在過往的四十年來，世界本身經歷了極大的變革，例如比七〇年代更加繁榮，也因此開啟了不同的全球化途徑。[15]

註記

第一章

1. 所有有關汗的發言皆從他與作者在二○一○年五月和七月的電話訪談節錄。

2. 更多細節請見 Tarun Khanna, V. Kasturi Rangan, and Merlina Anocaran, "Narayana Hrudayalaya Heart Hospital: Cardiac Care for the Poor," HBS Case 505078-PDF-ENG (Boston: Harvard Business School Publishing, 2011); "The Henry Ford Model of Heart Surgery," *Wall Street Journal,* November 25, 2009.

3. 本書使用的「低收入國家」一詞源自世界銀行（The World Bank）的狹義定義，描述國內人均國民所得（GDP per capita）低的國家。另外，本書亦使用「低收入人民」一詞最狹義的經濟定義。

4. Jeff Immelt, Vijay Govindarajan, and Chris Trimble, "How GE is Disrupting Itself," *Harvard Business Review*, October 2009.

5. 資料引自國際貨幣基金組織（International Monetary Fund）於二○一○年十月發表的世界經濟展望資料庫（World Economic Outlook Databases），請見 www.imf.org。

6. 本書「發達國家」一詞指的是人均年收入達23,500美元以上，也就是美國購買力平價（purchasing power parity）人均年收入的二分之一。

7. 我們使用經購買力平價調整的GDP資料。

8. 艾沃特的言論引用自Pete Engardio, "Emerging Giants: The New

Multinationals; They're Smart and Hungry, and They Want Your Customers," *BusinessWeek*, July 31, 2006.

9. 所有查德哈瑞的言論引用皆出自作者與他於二〇一〇年四月進行的電話訪談。

第二章

1. Juan Alcacer et al., "Emerging Nokia?" Case 710-429 (Boston: Harvard Business School Publishing, 2011).

2. 當科技進步而弭平了產品性能的落差時,逆向創新也就是破壞性創新。見 Clayton M. Christensen, *The Innovator's Dilemma* (Boston: Harvard Business School Press, 1997).

第三章

1. 當今所有的主流思想都符合全球在地化的腳本,包括以下:Yves Doz 與 C. K. Prahalad 的整合—回應分類架構(integration-responsiveness grid),出自 Yves Doz and C. K. Prahalad, *The Multinational Mission: Balancing Local Demands and Global Vision* (New York: Free Press, 1987);Christopher Bartlett 與 Sumantra Ghoshal 的跨國企業(transnational enterprise)概念,出自 Christopher A. Bartlett and Sumantra Ghoshal, *Managing Across Borders: The Transnational Solution* (Boston: Harvard Business School Press, 1988);以及 Pankaj Ghemawat 的適應—聚合(adaptation-aggregation)交易戰略,出自 Pankaj Ghemawat, *Redefining Global Strategy* (Boston: Harvard Business School Press, 2007)。

2. 更多細節詳見 Matthew J. Eyring, Mark W. Johnson, and Hari Nair, "New Business Models in Emerging Markets," *Harvard Business*

Review, January-February 2011.

3. 欲知有趣的觀點，詳見 Michael Schrage, "The Real Cause of Nokia's Crisis," *HBR Blog Network*, February 15, 2011, http://blogs. hbr.org/schrage/2011/02/the-real-cause-ofnokias-crisi.html.

4. 詳見 Vijay Govindarajan and Atanu Ghosh, "Reverse Innovation Success in the Telecom Sector," *HBR Blog Network*, May 12, 2010, http://blogs.hbr.org/cs/2010/05/reverse_innovation_success_in_the_ tele.html.

5. 詳見 Vijay Govindarajan and S. Manikutty, "What Poor Countries Can Teach Rich Ones About Health Care," *HBR Blog Network*, April 27, 2010, http://blogs.hbr.org/cs/2010/04/how_poor_countries_can_ help_so.html.

6. 本節的部分想法亦可見於 Anil Gupta, Vijay Govindarajan, and Haiyan Wang, *The Quest for Global Dominance* (San Francisco: Jossey-Bass, 2008).

7. Ernst & Young, "Winning in a Polycentric World," March 2011, 15.

8. 出處同上，頁12。

9. Jeff Immelt, Vijay Govindarajan, and Chris Trimble, "How GE is Disrupting Itself," *Harvard Business Review*, October 2009.

第五章

1. 所有引用杜立的言論皆出自作者與他在二〇一〇年四月進行的電話訪談。

第六章

1. 所有引用雷斯特雷波的言論皆出自作者與他在二〇一〇年四月進行的電話訪談。

2. 此語出自麥睿博，引自 Jennifer Reingold, "Can P&G Make Money in Places Where People Earn $2 a Day?" *Fortune*, January 6, 2011.

第七章

1. Dylan Tweney, "Apple Takes Aim at Cable with Tiny New Apple TV," *Wired*, September 1, 2010, www.wired.com/gadgetlab/2010/09/apple-tv-introduction/.
2. 所有引用陶德的言論皆出自作者與他在二○一○年四月進行的電話訪談。

第八章

1. 所有引用本奇的言論皆出自作者與他在二○一○年十二月進行的電話訪談。

第九章

1. 所有引用羅文達的言論皆出自作者與他在二○○九年十二月進行的電話訪談。

第十章

1. 所有引用拉賈的言論皆出自作者與他在二○○九年十二月進行的電話訪談。
2. 所有引用瓦吉士的言論皆出自作者與他在二○○九年十二月進行的電話訪談。
3. 每一次心電圖的檢查費用由各醫院自行決定，奇異公司並不干涉醫院的收費。

第十一章

1. 所有引用努伊的言論皆出自她二〇一〇年二月在耶魯管理學院進行的演講。

2. 所有引用汗的言論皆出自作者與他在二〇一〇年五月和七月進行的電話訪談。

3. 所有引用穆喀維立的言論皆出自作者與他在二〇一〇年五月進行的電話訪談。

4. 所有引用瓦里亞的言論皆出自作者與他在二〇一〇年五月進行的電話訪談。

第十二章

1. 米格爾和貝娜黛特的故事也曾被引用在其他研究裡：J. J. Furin et al., "Expanding Global HIV Treatment: Case Studies from the Field," *Annals of the New York Academy of Sciences* 1136 (2008): 1–9.

2. 所有引用貝佛洛茲的言論皆出自作者與她在二〇一〇年十二月進行的電話訪談。

3. 本章所描述法默在海地和秘魯的健康夥伴組織的故事，亦可見於啟德所撰寫的《愛無國界》（*Mountains Beyond Mountains*, New York: Random House, 2004）精采著作。

4. Furin et al., "Expanding Global HIV Treatment," 4.

5. David Bornstein, "Treating the Cause, Not the Illness," Opinionator series, *New York Times*, July 28, 2011, http://opinionator.blogs.nytimes.com/2011/07/28/treating-the-cause-notthe-illness/.

附錄B

1. Jeffrey R. Immelt, Vijay Govindarajan, and Chris Trimble, "How GE Is Disrupting Itself," *Harvard Business Review*, September 21, 2009,

56–65.

2. Kathleen M. Eisenhardt and Melissa E. Graebner, "Theory Building from Cases: Opportunities and Challenges," *Academy of Management Journal* 50, no. 1 (2007): 25–32; Barney G. Glaser and Anselm L. Strauss, *The Discovery of Grounded Theory: Strategies for Qualitative Research* (New York: Aldine de Gruyter, 1967); R. K. Yin, *Case Study Research: Design and Methodology* (Newbury Park, CA: Sage, 1994).

3. Raymond Vernon, "International Investment and International Trade in the Product Life Cycle," *Quarterly Journal of Economics* 80 (May 1966): 190–207.

4. Raymond Vernon, "The Product Cycle Hypothesis in a New International Environment," *Oxford Bulletin of Economics and Statistics* 41, no. 4 (1979): 255–267.

5. Christopher A. Bartlett and Sumantra Ghoshal, *Managing Across Borders: The Transnational Solution* (Boston: Harvard Business School Press, 1988); Pankaj Ghemawat, *Redefining Global Strategy* (Boston: Harvard Business School Press, 2007); C. K. Prahalad and Yves L. Doz, *The Multinational Mission: Balancing Local Demands and Global Vision* (New York: Free Press, 1987); Michael E. Porter, "Changing Patterns of International Competition," *California Management Review* 28, no. (1986): 9–40.

6. Vijay Govindarajan and Ravi Ramamurti, "Reverse Innovation, Emerging Markets, and Global Strategy," *Global Strategy Journal* 1, no. 2 (2011).

7. Clayton M. Christensen, *The Innovator's Dilemma* (Boston: Harvard Business School Press, 1997).

8. C. K. Prahalad, *Fortune at the Bottom of the Pyramid* (Philadelphia:

Wharton Publishing, 2009); T. London and S. L. Hart, *Next Generation Business Strategies for the Base of the Pyramid: New Approaches for Building Mutual Value* (Upper Saddle River, NJ: Free Press, 2010).

9. Pankaj Ghemawat, "Distance Still Matters," *Harvard Business Review*, September–October, 2001, 137–147.

10. K. Meyer and E. Sinani, "When and Where Does Foreign Direct Investment Generate Positive Spillovers? A Meta-Analysis," *Journal of International Business Studies* 40 (September 2009): 1075–1094.

11. Paul Lawrence and Jay Lorsch, *Organization and Environment: Managing Differentiation and Integration* (Boston: Harvard Business School Press, 1967); Vijay Govindarajan and Chris Trimble, *Ten Rules for Strategic Innovators: From Idea to Execution* (Boston: Harvard Business School Press, 2005); Vijay Govindarajan and Chris Trimble, *The Other Side of Innovation: Solving the Execution Challenge* (Boston: Harvard Business School Press, 2010), Charles O'Reilly and Michael Tushman, "The Ambidextrous Organization," *Harvard Business Review*, April 2004, 74–81.

12. Richard Bettis and C. K. Prahalad, "The Dominant Logic: Retrospective and Extension," *Strategic Management Journal* 16 (1995): 5–14.

13. Ravi Ramamurti and Jitendra V. Singh, *Emerging Multinationals in Emerging Markets* (New York: Cambridge University Press, 2009); T. Khanna and K. G. Palepu, *Winning in Emerging Markets: A Road Map for Strategy and Execution* (Boston: Harvard Business Press, 2010).

14. Y. Tsurumi, *The Japanese Are Coming* (Cambridge, MA: Ballinger,

1976); A. Amsden, *Asia's Next Giant: South Korea and Late Industrialization* (New York: Oxford University Press, 1992); Ramamurti and Singh, *Emerging Multinationals in Emerging Markets*.

15. Thomas Friedman, *The World Is Flat: A Brief History of the Twenty-First Century* (New York: Farrar, Straus, and Giroux, 2005).

關於作者

維傑・高文達拉簡

　　維傑・高文達拉簡（Vijay Govindarajan，簡稱VG，個人網頁www.tuck.dartmouth.edu/people/vg/）是名滿天下的世界級策略與創新領導專家。他是達特茅斯大學的塔克商學院 Earl C. Daum 1924 國際商業講座教授，也是奇異公司首位駐企業教授和首席創新顧問。他曾與奇異公司的首席執行官伊梅爾特在《哈佛商業評論》（*Harvard Business Review*）共同發表〈奇異顛覆自己〉（*How GE Is Disrupting Itself*）一文來引介「逆向創新」的概念——指的是率先在開發中國家實行的創新，被《哈佛商業評論》評選為近十年來的十大重要觀點之一。

　　VG 時常在自己的部落格上撰寫有關創新與執行的文章，也在每一季的報紙專欄、《哈佛商業評論》，以及《彭博商業周刊》（*Bloomberg Businessweek*）等平台，發表自己的文章。同時，他也是三百美元造房計畫的共同領導人(www.300house.com)。

　　許多具有影響力的刊物都將 VG 視為指標型的企業管理思想家，包括被《商業週刊》的「公司經理教育委員會十大傑出教授」之一，以及「最佳商學院指引」專欄的「傑出師資」（Outstanding Faculty）；富比士的「五大至尊策略執行教練」、倫敦《泰唔士報》（*Times*）的「前五十大商管思想家」、《經濟學

人》（*The Economist*）的超級新星，以及商管碩士班學生投票選出的「年度傑出教師」。

VG曾任教於以下幾個商學院：哈佛商學院、歐洲工商管理學院（法國丹楓白露市，Fontainebleau），還有印度管理研究所（印度艾哈邁達巴德，Ahmedabad）。他擁有卓越的研究成果，獲獎無數，被列入《管理學會誌》（*Academy of Management Journal*）的名人榜，以及《國際管理評論》（*Management International Review*）的「北美二十大巨星」之一。他所著作的某一篇論文已經成為《管理學會誌》四十年來被引用次數最多的前十篇文章之一。

VG在頂尖的學術期刊上已經發表過十篇以上的文章，是少見的傑出學者（《管理學會誌》、《國際管理評論》、《戰略管理》等期刊都曾刊載他的文章），另外，在一些有名望的實用期刊上，他的發表數量也已超過十篇，包括《哈佛商業評論》等。他也曾因為《哈佛商業評論》上的文章，榮獲麥肯尼獎（McKinsey Award）的肯定。VG出版過十本書，其中全球最暢銷的兩本分別是《創新戰略者的十大法則》（*Ten Rules for Strategic Innovators*），和《創新的另一面》（*The Other Side of Innovation*）。

VG曾經與四分之一以上的全球五百強企業的CEO和高階經理人合作，提供經營上的建議，同時也挑戰、並提升他們的策略思維。他的客戶包括了波音、可口可樂、高露潔、迪爾、聯邦快遞、奇異、HP、IBM、摩根大通（J.P. Morgan Chase）、嬌生、紐約時報、寶僑、新力（Sony）和沃爾瑪等企業。他擔任許多重要的CEO論壇和研討會講者，包括《商業週刊》的CEO論壇、HSM世界商業論壇，以及瑞士達沃斯（Davos）的世界經濟論壇等。VG在哈佛商學院獲得博士學位，他的最佳論文還榮獲

了羅伯特‧博文獎（Robert Bowne Prize），他也在哈佛商學院獲得傑出MBA學位。在此之前，VG在印度取得了特許會計師的資格，更因他全國第一名的成績而被授予校長金質獎章。

克里斯‧特林柏

克里斯‧特林柏（Chris Trimble，個人網站www.chris-trimble.com）過去十年都致力於研究執行創新計畫的方法，這是連管理最優異的企業都感到頭疼的問題。他將研究成果集結成二〇一〇年出版的著作《創新的另一面》。克里斯曾經在《哈佛商業評論》上發表過三篇文章，二〇〇九年十月與伊梅爾特和VG共同發表的〈奇異顛覆自己〉就是其中一篇。

克里斯在他二〇〇五年出版的《創新戰略者的十大法則》中初次探討關於執行的覺知力。二〇〇六年，華爾街日報公布了十大推薦閱讀書單，其中就包含了這本書，此書也被《戰略＋商業》（*Strategy & Business*）雜誌視為年度最佳策略書籍。

克里斯畢業於維吉尼亞大學與達特茅斯大學，職業生涯融合了嚴格的學術研究，以及實際的執行經驗。甫出社會的他曾擔任美國海軍潛艇官，從那時候開始，他就對大型企業裡的創新議題感到很有興趣。現在，克里斯在塔克商學院任教，經常到全世界演講，作品散見於《麻省理工學院史隆管理學院評論》（*MIT Sloan Management Review*）、《加州大學管理評論》（*California Management Review*）、《商業週刊》、《富比士》、《快速公司》（*Fast Company*）和《金融時報》（*Financial Times*）等。

國家圖書館出版品預行編目資料

逆向創新：奇異、寶僑、百事等大企業親身
演練的實務課，教你先一步看見未來的需求
／維傑·高文達拉簡（Vijay Govindarajan），
克里斯·特林柏（Chris Trimble）著；陳亮君
譯. -- 一版. -- 臺北市：臉譜，城邦文化出
版；家庭傳媒城邦分公司發行, 2013.08
面； 公分. --（企畫叢書；FP2254）
譯自：Reverse innovation: create far from
home, win everywhere
ISBN 978-986-235-273-1（平裝）

1.跨國企業 2.企業經營 3.個案研究

553.78 102013694